KB186878

大韓帝國官報

第一卷 (下)

1894년, 高宗 31년, 개국 503년

저자 약력

▌김 지 연

고려대학교 일어일문학과 졸업
한국외국어대학교 대학원 일본어과 문학석사
고려대학교 대학원 일어일문학과 문학박사
현 한국방송통신대학교 일본학과 전임대우 강의교수

논문
『대한제국 官報에 나타나는 일본한자어에 대하여』
『大韓帝國官報에 나타나는 일본어 어휘와 그 수용실태에 대하여』
『일본한자어의 수용과정으로 고찰한 大統領의 성립』 등

大韓帝國官報 第一卷 (下)
(1894년, 高宗 31년, 개국 503년)

초 판 인 쇄   2017년 03월 27일
초 판 발 행   2017년 04월 07일

편   자   김 지 연
발 행 인   윤 석 현
발 행 처   제이앤씨
책 임 편 집   최 인 노
등 록 번 호   제7-220호

우 편 주 소   서울시 도봉구 우이천로 353 성주빌딩 3층
대 표 전 화   02) 992 / 3253
전   송   02) 991 / 1285
홈 페 이 지   http://jncbms.co.kr
전 자 우 편   jncbookhanmail.net

ISBN 979-11-5917-069-0   94060   정가 15,000원
        979-11-5917-067-6   (세트)

大韓帝國官報

第一卷 (下)

1894년, 高宗 31년, 개국 503년

편자 김 지 연

제이앤씨
Publishing Company

大韓帝國官報 解題

• • • •

1. 官報

관보는 정부가 국가 관리와 국민에게 널리 알리고자 하는 사항을
편찬하여 간행하는 국가의 공공 기관지이다. 넓은 의미의 관보는
이러한 목적으로 국가 기관이 공식으로 발행하는 정기 간행물을 통
틀어 말하는 것이나 좁은 의미로는 「官報」라는 제호로 발간되는 공
식 기관지를 일컫는 것이다. 역사적으로 우리나라의 관보는 다음의
여섯 종류로 분류된다[1].

▌朝報: 1883년 이전

조선초 조정의 藝文春秋館의 사관이 조정의 결정 사항과 견문록
등을 기록하여 각 관청에 돌리던 것이 시초로, 세조 때에는 승정원
에서 「朝報」라는 이름으로 불렀다. 그 내용은 국왕의 명령과 지시
사항과 유생들이 국왕에 올리는 상소문, 관리의 임명과 해임 등을
실어서 중앙과 지방 관서와 상류 사회에 배포하던 것으로 1894년
근대적인 관보 출현 전까지 유지되었다.

---

1 정진석(1982)「官報에 關한 硏究(上)」『신문과방송』141, 한국언론재단, pp.111-112

▍근대 신문과 조보 공존: 1883-1888

한성순보는 1883년 발간된 한국 최초의 신문이자 관보적 성격을 가진 관영 신문이다. 1886년에 발간된 한성주보도 관에서 발간한 신문으로 그 성격에 있어서는 한성순보와 같았다. 발행처는 국가 기관인 博文館이었다. 종래의 朝報와 다른 점은 외국 사정 기사를 실었고 일반 뉴스 기사도 실었다는 점으로, 광고와 물가 정보까지 수록했다는 점이 특이하다. 1886년 1월 25일자 한성주보에 朝報를 참고로 하는 기사가 11건, 1886년 2월 15일자에 2건, 1886년 9월 1일자에 1건의 기사가 게재된 것을 보면 한성순보가 발간되던 시대에도 朝報가 있어서 朝報와 신문이 공존하였던 것으로 보인다.

▍대한제국 관보: 1894-1910

일본의 강요로 추진된 갑오경장 이후 발간된 것으로 1894년 6월 28일 경부터 발행되었으며 의정부 관보국의 주도로 발간되었다. 관보국은 政令과 헌법 各部의 모든 公判과 成案을 반포하는 것이 주요한 임무였으며 1895년 4월 1일부터는 관보 발행이 내각 기록국으로 이관되었다. 발행초기에 순한문체로 쓰여졌던 관보는 1년 뒤(1895) 12월 10일부터 국한문을 혼용하기 시작하였고 이틀 후인 12일과 13일, 그리고 그 이후부터 가끔 官報 전면에 한글만을 전용하여 기사를 작성하기도 하였다. 이와 같은 일은 관보발행사뿐만 아니라 공문서식에서 나타나는 초유의 일로 기록되며 정부가 발행하는 모든 간행물의 국한문혼용 및 한글 사용이 대한제국관보로부터 정착되는 중요한 의미를 갖는다. 1906년 통감부가 설치된 후 1907년부터 1910년까지 일제는 「公報」라는 것을 따로 발간하여 일본의 한국 통치와 관련된 사항(府令, 廳令, 訓令, 告示, 諭示 등)을 일본어로 발간하였다.

▎조선총독부 관보: 1910-1945

1910년 8월 29일부터 1945년 8월 15일까지 일본이 만 35년 동안 국권을 장악한 동안에 조선총독부가 발간한 관보이다. 문장은 모두 일본어로 작성되었는데 1910년 9월 한달간은 일본어 내용 뒤에 조선어 번역문을 달아 일본어를 이해하지 못하는 사람을 의식하였으나 그 후부터는 조선어 번역문을 점차 줄여나가 전문을 일본어로 발행하였다. 일제 35년간 발행된 관보의 총 호수는 10,450호이고 페이지수는 14만 5백 15페이지에 달한다.

▎미군정청관보: 1945-1948

1945년 9월부터 1948년 8월까지 한국을 통치하던 미군이 발행한 것으로(총 호수 미상) 국문, 영문, 일문 3 종류로 작성하여 발행하였다. 일본어판 관보는 1946년 2월 일본인들의 퇴거가 완전히 종결된 후까지 계속되었는데 이는 아직 한국에 남아있던 일본인을 배려한 이유 때문으로 보인다.

▎대한민국 관보: 1948년 정부수립 이후

대한민국 정부수립 후 1948년 9월 1일부터 오늘에 이르기까지 발간되고 있다. 대한민국 정부수립 후의 관보는 헌법을 비롯한 모든 법령의 공포수단으로서의 기능과 정부 공문서로서의 기능을 가지게 되었다. 처음에는 공보실·공보처·공보부가 발행하였으나, 1968년 7월 말부터 총무처 발행으로 되었으며, 1969년 2월 1일부터 체재를 바꾸어 ① 공무원은 반드시 읽어야 하며, ② 관보는 공문서로서의 효력을 가지며, ③ 비치용 관보는 5년 이상 보관하도록 규정하고, 발행자도 대한민국 정부로 격상시켰다. 제1호부터 1963년까지는 세로쓰기를 하였으나 1963년부터 가로쓰기로 바뀌어졌으며 1969년부터는 「官報」라는 제호도 한글 「관보」로 바뀌었다.

2. 大韓帝國官報의 내용과 구성

官報란 정부가 국민들에게 널리 알릴 사항을 편찬하여 간행하는 국가의 公告 機關紙를 말한다. 官報는 그 체제가 법규에 따라야 하므로 구성 체제의 변화가 거의 없으며 내용은 당시의 정치, 사회상 등 시대상을 반영하므로 公文書로서의 효력을 가지고 있다. 大韓帝國官報는 대한제국정부에서 1894년(고종31년 개국503년 甲午) 6월 21일부터 1910년(隆熙4년) 8월 29일에 이르기까지 16년 2개월여에 걸쳐서 발행하였다. 大韓帝國政府의 官報는 약 19,600면에 달하는 방대한 분량의 것인데 號數없이 발행된 1894년 6월 21일자부터 1895년(고종32년 개국504년) 3월 29일자까지가 1,100여면, 號數를 붙여 발행한 1895년 4월 1일자 제1호부터 1910년 8월 29일자 제4,768호까지가 18,400여면이다. 이를 각 연도별로 보면 다음과 같다.

<표 1> 大韓帝國官報의 발행과 분량

年度	年號	號數	面數
1894년	高宗 31년, 개국 503년 甲午	6월 21일-12월 30일 (號數없이 발행)	910面
1895년	高宗 32년, 개국 504년 乙未	1월 1일-3월 29일 (號數없이 발행) 제1호(4월 1일) 제213호(11월 15일)	266面 1,165面
1896년	建陽元年 丙申	제214호(1월 4일) 제521호(12월 31일)	857面
1897년	建陽 2년, 光武元年 丁酉	제522호(1월 1일) 제834호(12월 31일)	836面
1898년	光武 2년 戊戌	제835호(1월 1일) 제1,146호(12월 31일)	919面
1899년	光武 3년 乙亥	제1,147호(1월 2일) 제1,458호(12월 30일)	1,066面
1900년	光武 4년 庚子	제1,459호(1월 1일) 제1,771호(12월 31일)	1,288面
1901년	光武 5년 辛丑	제1,772호(1월 1일) 제2,084호(12월 31일)	1,045面
1902년	光武 6년 任寅	제2,085호(1월 1일) 제2,397호(12월 31일)	1,191面
1903년	光武 7년 癸卯	제2,398호(1월 1일) 제2,710호(12월 31일)	1,057面
1904년	光武 8년 甲辰	제2,711호(1월 1일) 제3,024호(12월 31일)	1,207面
1905년	光武 9년 乙巳	제3,025호(1월 2일) 제3,337호(12월 30일)	1,332面
1906년	光武 10년 丙午	제3,338호(1월 1일) 제3,650호(12월 30일)	1,189面
1907년	光武 11년, 隆熙元年 丁未	제3,651호(1월 1일) 제3,961호(12월 28일)	1,255面
1908년	隆熙 2년 戊申	제3,962호(1월 4일) 제4,264호(12월 28일)	1,364面
1909년	隆熙 3년 乙酉	제4,265호(1월 4일) 제4,566호(12월 28일)	1,537面
1910년	隆熙 4년 庚戌	제4,567호(1월 4일) 제4,768호(8월 29일)	1,114面

　　본래 조선왕조에서는 그 초기부터 官報와 같은 朝報를 발행하여
承政院에서 처결한 詔勅章奏廟堂의 의결사항, 敍任, 辭令, 地方官
의 狀啓 등을 보도하여 왔다. 그러므로 1894년 6월 25일 甲午更張의
추진기구인 軍國機務處가 설치된 지 수일 후에 창간된 것으로 짐작
되는 대한제국정부의 純漢文體 整理字本 甲午 6월 21일자 이후의
관보는 그 연원을 朝報[2]에서 찾을 수 있으며 사실 그 시기의 官報는
朝報와 거의 비슷한 체재였다. 大韓帝國官報가 朝報의 체재로부터
근대적 관보체재로 개편된 것은 개국 504년 4월 1일자부터이다. 이
때부터 號數(제1호) 와 요일을 표시하고 각 기사를 勅令, 閣令, 敍
任, 宮廷錄事, 彙報등으로 분류하여 게재하였다. 이보다 좀 앞서서
개국 503년 12월 11일자부터는 國漢文을 혼용하기 시작하였고 개
국 504년 6월 1일자 제77호부터는 신식 鉛活字로 인쇄하였다. 한편
紀年은 1894년 6월 21일자는 干支(甲午)를 동년 6월 29일자부터
1895년 11월 15일자 제213호까지는 開國紀年을 사용하고 있으며
1896년 1월 4일자 제214호부터는 양력으로 표기하는 동시에 建陽,
光武, 隆熙 등의 연호를 사용하고 있다. 大韓帝國官報는 정부의 官
報局과 官報課에서 발행된 것이다. 創刊號로 짐작되는 甲午 6년 2
일자부터 개국 504년 3월 29일자까지는 議政府官報局에서 개국
504년 4월 1일자(제1호)부터 隆熙 4년 8월 29일자(제4,768호)까지
는 官報課에서 발행하였다. 官報課는 정부직제의 개편에 따라 內閣
記錄局, 議政府總務局, 參書官室, 法制局 등에 소속되었다. 관보에
그 발행처를 內閣記錄局官報課, 內閣法制局官報課로 하고 있는 것
은 이와 같은 大韓帝國政府職制 改編에 따른 것이다. 官報課에서는

---

　2 최정태(1993) 총무처정부기록보존소 記錄保存6「국가기록정책과 관보」

매일 오후 1시까지 각 관청에서 보내온 기사를 마감 정리하여 다음 날 官報에 게재하였는데 공휴일에는 발행하지 않았다. 그러나 긴급을 요하는 기사는 마감시간이나 공휴일에도 불구하고 號外를 발행하여 게재하였으며 기사가 폭주하여 일시에 게재하지 못할 경우에는 緩急을 가리어 게재하기도 하고 장편기사는 부록을 발행하거나 數號에 나누어 게재하기도 하였다. 官報에 게재하는 사항은 다음과 같다.

〈표 2〉 官報에 게재하는 사항

1	召勅
2	法律
3	勅令
4	閣令
5	部令
6	布達[3]
7	訓令
8	警務廳·漢城府令 및 告示
9	予算
10	敍任 및 辭令
11	宮廷錄寫(動駕, 動輿, 祭典, 王族事項)
12	彙報-宮廳事項(赴任, 着任-경찰사항), 水災, 火災, (衛生救助), 軍事(행군연습, 병정포상, 軍監發着), 學事(학교, 도서관), 産業(사회, 면허, 박람회, 공진회), 포상사항, 司法(特赦, 사형집행), 雜事(氣像, 測候, 선박난파)
13	外報(공사관, 영사관보고, 외국중요사항)
14	광고(諸관청광고, 役事都給, 買受品광고, 학교생도모집광고, 郵便船출발표, 관보정가표)

---

3 궁내부에서 발하는 命令

隆熙元年 12월 12일자 제3,947호에 보이는 閣令 제1호 관보편제에 관한 건에 의하면

1) 국가 또는 帝室에 관한 것으로 國務大臣이나 궁내부대신이 副署한 詔勅

2) 협약, 협정, 약속

3) 예산 및 예비금 지출

4) 법률

5) 勅令 또는 宮內府布達

6) 閣令

7) 部令 또는 궁내부령

8) 訓令

9) 告示

10) 敍任과 외국훈장, 紀章의 수령, 패용허가를 포함하는 辭令

11) 행사, 行啓, 謁見, 陪食, 賜宴, 포상, 救恤, 祭紀, 皇族의 動靜, 기타 宮廷의 記事를 포함하는 宮廷錄寫

12) 관청사항(청사의 개폐, 이전, 官吏의 발착, 改名, 사망), 사법, 경찰, 감옥, 學事, 산업, 재정, 교통, 위생, 地方行政雜事 등을 분류하여 수록한 彙報

13) 觀象

14) 광고

등을 수록하게 되었다. 그 후 대한제국정부직제의 개정에 따라 隆熙 2년 3월 30일부터 警視廳令 漢城府令을 동년 12월 26일부터는 道令을 게재하였다. 한편 光武 10년 9월 12일부터는 統監府令류가

게재되었으며 隆熙 2년 8월 21일부터 統監府로부터 위탁받은 사항을 게재하기도 하였다. 이상의 게재사항으로 알 수 있듯이 대한제국관보는 1894년 6월 21일부터 1910년 8월 29일까지의 大韓帝國政府의 法令類는 물론 정치, 행정, 인사, 군사, 외교, 學事, 사법, 경찰, 산업, 재정, 교통, 위생, 기상, 外報 등 각 분야를 골고루 수록하고 있어서 당시의 정치, 경제, 사회, 문화를 연구하는 데 있어 꼭 필요한 자료라 할 수 있다. 특히, 1894년 6월부터 1895년까지의 기사는 甲午更張을 연구하는데 있어서, 1896년부터 1904년까지의 기사는 光武改革을 연구하는데 있어서, 1905년부터 1910년까지의 기사는 軍國主義 일본의 韓國侵奪과 민족의 항쟁을 연구하는데 있어 귀중한 자료이다.[4] 우리나라 최초의 근대적 관보인 大韓帝國官報는 高宗 31년 6월 25일(1894.7.27) 김홍집 內閣에 軍國機務處가 설치되고 甲午更張이 시작되는 시기에 1894년 6월 25일에 議政府官報局에서 발행하였다. '官報'라는 명칭을 처음 사용하고 처음 얼마간은 부정기적으로 발행하였으나 이듬해부터는 號數와 발행일을 표시하여 매일 발행하였으며 수록내용도 법규로 규정하여 관청의 공식 전달사항만 게재하였다. 관보발행의 배경을 보면 甲午更張에 의하여 모든 정치와 행정의 구심점이 왕실에서 內閣으로 옮겨짐에 따라 承政院이 궁내부에 부속되고 명칭도 承宣院으로 바뀌었다. 따라서 議政府에 官報局을 설치하여 새로운 체제로 관보를 발행하였으며 이에 따라 朝報의 발행은 중지되었다. 이것은 土政이 후퇴하고 내각정치가 이루어진 제도개혁의 영향 때문으로 볼 수 있다.[5] 發行初期부터 純漢文體로 쓰여졌던 관보는 1년 뒤(1895) 12월 10일부터 國漢文을

---

4 아세아문화사 편집실(1973) 舊韓國官報
5 최정태(1993) 총무처정부기록보존소 記錄保存6「국가기록정책과 관보」

혼용하기 시작하였고 이틀 후인 12일과 13일, 그리고 그 이후부터 가끔 관보 전면에 한글만을 전용하여 기사를 작성하기도 하였다. 이와 같은 일은 官報發行史뿐만 아니라 公文書式에서 나타나는 초유의 일로 기록되며 정부가 발행하는 모든 간행물의 國漢文混用 및 한글사용이 大韓帝國官報로부터 정착되는 중요한 의미를 갖는다.

3. 大韓帝國官報의 언어 자료로서의 자료성

대한제국 관보는 1894년 6월 21일부터 1910년 8월 29일까지 약 16년 2개월 동안 정부가 발행한 문서로서 여러 가지 자료적 가치를 가진다. 관보에는 이들 기간 동안 작성된 법령류가 거의 모두 수록되어 있고 매일 매일 당시 한국의 정치, 행정, 인사, 군사, 외교, 교육, 사법, 경찰, 산업, 재정, 교통, 위생, 기상, 외국 사정 등이 골고루 수록되어 있어 당시의 정치, 경제, 사회, 문화를 연구하는데 있어 꼭 필요한 자료라고 할 수 있다. 大韓帝國官報의 언어 자료로서의 중요성은 여러 가지가 있으나 우선 들을 수 있는 것은 大韓帝國官報가 근대 한글 문체 성립을 연구하는데 중요한 자료라는 것이다. 주지하는 바와 같이 大韓帝國官報이전의 공문서는 모두가 한문체였으나 大韓帝國官報에서 국한문체를 사용하게 됨으로써 관보는 국한문체를 확립 정착시키는데 기여하였다는 점이다. 공용문의 한글 문장화 결정에 대해서는 고종실록 32권 36책(1894년 11월 21일자)에 보이며[6] 이에 대한 실록의 기사는 아래와 같다.

---

6 조선왕조실록 공식 홈페이지실록 공식 홈페이지에 의함.
　http://sillok.history.go.kr/main/main.jsp

勅令第一號: 朕裁可公文式制, 使之頒布, 從前公文頒布例規, 自本日廢止, 承宣 院、公事廳, 竝罷之。第二號: 朕當御正殿視 事, 惟爾臣工勖哉。條例由議政府議 定 入奏。第三號: 朕以冬 至日, 率百官當詣太廟, 誓告我獨立釐正事由, 次日當 詣太社。
(중략)

公文式: 第一。公文式: 第一條: 法律、勅令, 以上諭公布之。 第二條: 法律、勅令, 自議政府起草, 又或各衙門大臣具案提出 于議政府, 經政府會議擬定後, 自 總理大臣上奏而請聖裁(중략) 第十四條: 法律、勅令, 總以國文爲本, 漢文附譯, 或混用國漢 文。第二 布告: 第十五條: 凡係法律、勅令, 以官報布告之。其 施行 期限, 依各法律、命令之所定。 (이하생략)

위에서 본 바와 같이 관보는 처음에는 순한문체로 작성되다가 위의 1894년 11월 21일자 칙령에 의하여 한글로 작성하는 것을 원칙으로 한 것이다. 이 칙령에 따라 국한문으로 작성된 기사는 다음의 1894년 12월 10일자 기사부터이다.

官報 開國五百三年十二月初十日
(중략)

私罪收贖追奪告身三等功減一等南原前府使尹秉觀受由歸 家軍器見失難這當勘以 此照律事 允下矣謹據律文杖一百公罪 收贖奉 旨依允又奏凡係大小罪犯中如賊 盜??干犯詐僞等罪之 從前以笞杖徒流擬斷者皆以懲役分等科治恐合時宜而條例細 則謹當鱗 次奏聞奉 旨依允0答外務協辦李完用疏曰省疏具 悉 膠守常制不念時艱 屢疏籲懇臣分不當如是卽爲肅 命完伯電報

本月初九日全瑲準生擒押上

十一日

都憲朴容大上疏大槩職旣虛?病又難强敢陳披?之懇冀蒙遞改
之 恩事

勅令 朕裁可巡檢徵罰例使之施行(總理大臣內務大臣 法務大
臣奉 勅)

巡檢의徵罰ᄒᄂ例

第一條巡檢職務上의遇失은警務使가徵罰ᄒᄂ法을行ᄒᆞ미라

第二條徵罰ᄒᄂ法을 分別ᄒᆞ야四種으로 區定ᄒᆞ미라

一譴責

二罰金

三降級

四免職

第三條譴責은 警務使가譴責書를 付與ᄒᆞ며罰金은少ᄒᆞ야도
月俸百分의一에셔不　減ᄒᆞ고多ᄒᆞ야도一月俸에셔不加ᄒᆞ金額
으로其等을分ᄒᆞ며降級은一級에一　元俸을減ᄒᆞᄆ로定ᄒᆞ며免
職은二年間을經過아니ᄒᆞ卽다시收用ᄒᆞ지못ᄒᆞ미 라

第四條左의諸件을犯ᄒᆞ者ᄂ免職ᄒᆞ며其罪狀이重大ᄒᆞ야刑
律을犯ᄒᄂ者ᄂ刑罰을 施ᄒᆞ미라

一職務上에關係ᄒᆞ야私ᄉ로히他人의贈遺를受ᄒᄂ者

二上官의命令을奉行아니ᄒᆞ고他人의指使를受ᄒᄂ者

三職務에係關ᄒᆞ야私ᄉ로히他人의請托을受ᄒᄂ者

다음 기사는 한문 기사와 국한문이 혼용된 기사가 같은 날에 나온 예로서 관보 기사가 한문에서 국한문으로 넘어가는 형태이다. 1894년 12월 12일 기사는 동일한 내용을 순한문과 국한문혼용문, 순한글문 등 세 가지로 작성하였다.

<한문기사>

大君主 展謁 宗廟誓告文

維開國五百三年十二月十二日敢昭告于

皇祖列聖之靈惟朕小子粵自中年嗣守我

祖宗不不基홀今三十有一載惟敬畏于天亦惟我

祖宗時式時依屢遭多難不荒隆厥緖朕小子其敢曰克享天心寔由我

祖宗眷顧騭佑惟皇我

祖肇造我王家啓我後人歷有五百三年逮朕之世時運

丕變人文開暢友邦謀忠廷議協同惟自主獨立迺厥

鞏固我國家朕小子曷敢不奉若天時以保我

祖宗遺業曷敢不奮發淬勵以增光我前人烈繼時自今(이하 생략)

<한글번역문>

대군쥬게셔 죵묘에젼알ᄒ시고밍셔ᄒ야고ᄒ신글월

유기국오빅삼년십이월십이일에밝히

황됴렬셩의신령에고ᄒ노니졈소ᄌ가

됴죵의큰긔업을니어직흰지셜흔한히에오작하늘을

공경ᄒ고두려ᄒ며쏘한오쟉우리

됴죵을이법바드며이의지ᄒ야쟈쥬큰어려움을당ᄒ

나그긔업은거칠게바리지아니ᄒ니짐소ᄌ가그감

히즐으딕능히하늘마음에누림이라ᄒ리오진실로
우리됴종이도라보시고도으심을말미ᄋᆞᆷ이니오쟉크오신
(이하 생략)

<국한문혼용문>
大君主게셔 宗廟에 展謁ᄒ시고 誓告ᄒ신文
維開國五百三年十二月十二日에敢히
皇祖列聖의靈에昭告ᄒ노니朕小子가이에冲年으로
붓터我 祖宗의丕丕ᄒ基를嗣守ᄒ야惟天을敬畏ᄒ
며亦惟我 祖宗을時式ᄒ며時依ᄒ야多難을屢遭ᄒ
나厥緒를荒墜치아니ᄒ오니朕小子가其敢히曰ᄒ오딕天
心에克享ᄒ다ᄒ리오惟皇ᄒ신我祖게셔我王家를肇
造ᄒᄉ我後人을啓ᄒᄉ歷ᄒ야五百三年이有ᄒ더니
朕의世에逮ᄒ야時運이丕變ᄒ고人文이開暢ᄒ지라
友邦이忠을謀ᄒ고廷議가協同ᄒ니惟自主獨立이酒
厥我國家를鞏固케ᄒᆯ지라朕小子가엇지敢히天時를
(이하생략)

 이 기사로 대한제국관보는 한문 문장에서 국한문체가 어떠한 방법으로 이행되었는지를 연구하는 데 매우 중요한 자료라고 볼 수 있다. 또한 언어 자료로서의 중요성은 근대 한국어 어휘 자료의 보고라는 점이다. 관보는 앞에서도 언급하였지만 근대 한국의 정치 경제 학술 법률 교육 문화 각종 제도 등 다양한 내용이 기재되어 있으므로 그에 수록된 어휘도 매우 다양하다. 이들 어휘 중에는 이미 한국어에 존재해 있던 것이 있는가 하면 「國旗」나 「官報」, 「科學」,

「哲學」, 「社會」, 「郵便」, 「保險」 등과 같이 종래의 한국어에 존재하
지도 않았고 당시 사람들이 이해하기 어려운 사물이나 개념도 다수
였다. 이것은 관보 작성자들 중에는 일본 유학생 출신이 많은 수를
차지하여 각종 법률이나 규정을 일본 것을 참고하거나 모방하게 되
었을 것이다.[7] 또한 관보의 발행에는 일본인 고문의 지도 감독을 받
았다는 점도 일본 용어 유입의 중요한 요소이다. 갑오개혁을 실천
하는 데는 일본 측과의 특약으로 전 분야에 일본인 고문관의 지도
감독을 받도록 되어 있었고 이에 따라 47명의 일본인 고문관이 초
빙되어 각 부서에 배치되었던 것이다[8]. 관보 작성을 위하여 초빙된
일본인 고문은 恒屋盛服과 加藤武 두 사람이었는데[9] 이들은 대한
제국 내각의 관보국에 소속되어 관보의 발행에 깊숙이 관여하였다.
이들이 모델로 삼은 관보의 형태와 구성 등은 일본의 관보이다. 일
본은 이미 1883년부터 관보를 발행하고 있어서 대한제국 관보를 발
행하는데 참고가 되었을 것이다.『한말근대법령자료집 Ⅰ』(국회도
서관, 1971)에 의하면 당시 초빙된 일본인 고문관의 역할을 다음과
같이 규정하고 있어 관보에 관여한 일본인 고문관이 어떠한 역할을
했는지 짐작할 수 있다.

　　五十三 內閣 各部 其他 各廳에셔 閣令 部令 廳令 訓令 등을
　　發호며 指 令을 下홀 時는 其辦理案을 協辦(內閣에셔는 其廳
　　長官)에 提出호기 前에 반 다시 各其 顧問官의 査閱을 供 홀 事
　　五十四 前項外에 內閣 各部 其他各廳에셔 接受 發送호는 公

7　관보의 기사와 형식에 대해서는 최정태(1992)『한국의 관보』아세아문화사등을 참
　조할 것
8　왕종현(2003)『한국근대국가의 형성과 갑오개혁』역사비평사, pp.186-193에 의함
9　왕종현(2003) 의 앞에 책 pp.190에 의함

文書類는 一 切 各其 顧問官의 査閲을 供 홀 事

위의 규정에 의하면 관보 작성과 발행에는 일본인 고문관이 전
문서를 사전에 읽고 의견을 표명했을 것으로 생각되며 이러한 과정
에서 각종 용어와 새로운 어휘가 일본어에서 도입되었을 것으로 생
각하고 있다.

갑오개혁기 행정부서의 전면적인 개혁에 따라 '고문관'이라는
공식 직책이 신설되어 각 부서에 고문관과 보좌관이 배치되었고,
고문관 고빙과 권한에 대한 각종 법령들이 선포되었던 때였다. 갑
오 이전까지 조선 관료제도에 편입되어 조선 정부의 관리로 직책을
받고 업무를 수행했던 고문관들은, 정부의 외국인 고문관들을 정규
관리로 임명하지 않는다는 내규에 따라,[10] '고문관'이라는 한시적
직책을 부여받고 각 부서에서 일을 맡게 되었다. 이리하여 고문관
은 정부의 관료제라는 틀 밖에서 대신 및 정부 각 부의 장(長)들을
보좌하는 한시적 외국인 관리로 규정되었고 각각의 고문관들은 개
별 고빙 계약서를 통해 자신의 직책이나 직무, 권한 등을 부여받았
다. 이러한 일련의 변화들은 개혁정국에 고문관들의 지식과 기술을
본격 활용한다는 목적에 기인한 것이 아니었다. 그보다 일본의 조
선 보호국화라는 목표하에 조선의 권력·통치기구를 일본의 식민
지정책을 수행하는 데 용이하게 재편하려는 목적으로 일본인 고문
관들을 대거 배치시키려던 의도에서 기인하였다.

일본은 1894년 7월 경복궁을 점령한 후, 다음과 같이 정부 각 부
서에 외국인 고문관을 배치할 수 있는 의안을 통과시켰다. 그 후 조

---

10 『주한일본공사관기록』 권4(140) '강본류지조의 군무협판 추천과 관련한 사정보
고', 1894. 9. 17(이하 『공사관기록』으로 칭함)

선 측이 이를 시행하지 않자, 수차례에 걸쳐 이를 시행할 것을 요청하고, 구체적인 초청인원 수를 정하여 고용하도록 요구했다. 여기서의 외국인 고문관은 일본인 고문관을 의미했다.

> <1894년도 各府·衙門에 外國人 顧問을 두는 議案>
>
> 一. 各府·衙門에 각각 外國雇員 1人을 두어 顧問케 한다.[11]
>
> 一. 各府·衙門의 事務는 모두 새로운 것이어서 외국인 고문의 자문을 받아야 하므로 고용을 늦출 수 없으니 속히 外務衙門에 命하여 각기 초빙할 것.[12]
>
> 一. 各府·衙門에서 고용하는 사람의 數를 卽日로 議定하여 外務衙門으로 하여금 6月 초 6日 啓下 議案에 의하여 초청토록 할 것.[13]

이상과 같은 영에 따라 일본은 각부·아문에 고문관과 보좌관을 배치할 수 있는 법적 근거를 마련하였다.

고문관 고빙절차도 변화하였다. 갑오 이전 교섭아문에서 고문관의 이력서를 검토하여 고문관을 선정한 후 고종의 재가를 거치게 되는 절차가, 갑오기에는 해당 아문 대신과 협판이 판리하여 총리대신의 인가를 받아 시행하는 것으로 바뀌었다. 1895년에는 각부대신과 외부대신이 선정하여 내각의 인가를 받는 것으로 개정되었다.[14] 이는 일본이 총리와 내각을 통해 일본인 고문관을 자유롭게

---

11 송병기 편, 1970『한말근대법령자료집』, 국회도서관(이하『법령자료집』으로 칭함) 議案 '各府·衙門에 외국인고문을 두는 件', 1894. 7. 15

12 서울대 도서관 편, 1991『議案·勅令』上,「議案」8월 8일, 53쪽

13 서울대 도서관 편, 1991『議案·勅令』上,「議案」8월 22일, 57쪽

14 『고종실록』권31, 8월 28일 ; 서울대 규장각 편,『奏本·議奏』1, 1895. 5. 29, 562쪽

임용하려는 의도에서 비롯된 것으로 보인다.

> <1894년 · 1895년도 고문관의 고빙절차>
> 고문관 추천 → 主務대신 선정 → 總理認准 (1894년)
> 고문관 추천 → 主務대신 선정 → 外部대신 동의
> → 內閣認准 (1895년)
>
> <1896년도 고문관의 고빙절차>
> 고문관 추천 → 主務대신 선정 → 외부대신 동의
> → 의정부 회의 認准 → 고종의 재가

　또한 일본은 조선 정부에서 고문관 선빙과 여비 · 봉급을 작정하는 것을 위임받아[15] 자국 정부 관리들을 조선 고문관으로 파견할 수 있게 되었다. 조선에 파견된 일본인 고문관들은 일본 정부 관리로서, 대장성에서 지급하는 여행경비와 봉급 일부를 지급받고 일정 기간 파견근무를 한 후 귀국하면 다시 임용이 보장되는 사람들이었다.[16]

　이리하여 1894년 12월부터 1895년 4월경까지 일본은 41명의 일본인 고문관들과 보좌관들을 각 부서에 배치하였다. <표 3>에서 보듯이 외부, 궁내부와 해관을 제외한 부서들과 산하 기관은 모두 일

　　 "一. 무릇 外務衙門은 외국교섭의 중요한 사건을 담당하며 雇聘 등과 같은 계약을 체결할 때는 해당 아문대신과 협판이 辦理하여 총리대신의 인가를 받아 시행할 것. 一. 外國人延聘及訂約時 外部로 知照하여 主任과 함께 閣議提出件 決定事"

15 『日案』권3 #1371, 一. 政府各衙顧問의 選聘과 同旅費 · 俸給酌定依賴 건, 76쪽

16 『공사관기록』권7, 3-(36) 기밀 89호, '益田造幣局技手 여비지급 건', 1895. 9. 30, 67쪽 ; 권7, 3-(34) 機密 84호, 1895. 9. 2, 66쪽 ; 권4 #49, '淺山의 외무성 고용·임명 통보', 269쪽

본인 고문관들과 행정인들이 업무를 장악하고 일본 공사와의 긴밀한 협조와 훈령 및 정보교환을 통해 조선 정부 내의 정치세력 개편 및 개혁을 주도하였으며

　1895년 3월 다음과 같은 법령을 통하여 고문관들의 권한이 법제화되었다.

> 一. 內閣, 各部 기타 各廳에서 閣令·部令·廳令·訓令 등을 發하며 指令을 내릴 時는 其 辦理案을 協辦(내각에서는 總書, 廳에서는 그 廳長官)에 제출하기 전에 반드시 각기 고문관의 査閱에 拱할 것.[17]
> 一. 前項外에 內閣 各部 其他各廳에서 接受 發送하는 공문서류는 일절 각기 고문관의 査閱에 供할 것.[18]
> 一. 각 고문관은 내각회의에서 각기 主務에 屬하는 案件의 회의에 當하야 辯說하는 필요가 있을 때에는 참석하여 의견을 진술할 것.[19]

　이로써 일본인 고문관들은 대신에 비견되는 실질적인 권력을 부여받았다. 즉 고문관들은 각 부서의 모든 공문서와 훈령들을 사전에 사열을 받고 시행함으로써 그 부서들을 실질적으로 장악하고 행정의 실세로 등장할 수 있었다. 또한 내각회의에 참석할 수 있게 됨

---

17 『법령자료집』1, 奏本 '閣令·部令·廳令·訓令·指令을 고문관의 査閱에 拱하는 件', 1895. 3. 29
18 『법령자료집』1, 奏本 '內閣·各部·各廳에서 接受·發送하는 서류를 고문관이 査閱케 하는 件', 1895. 3. 29
19 『법령자료집』1, 奏本 '고문관이 內閣會議에 참석하여 의견을 진술할 수 있게 하는 件', 1895. 3. 29

으로써 국가 권력의 핵심에서 각종 정책결정 과정에 영향력을 행사
할 수 있게 되어 명실상부한 고문관 정치시대의 법적 기반을 갖추
었다.

1894년 9월 김윤식 외무대신은 "일본 정부가 고종에게 외국인 고
문관을 배치하도록 압력을 가하는데 여기서 외국인 고문관이란 일
본인을 의미하고 있다"고 전하면서 "영국 영사에게 항의할 것"을
비밀리 요청했다. 이로 인해 영·미·러·독·프 영사들은 모두 일
국에 편중된 고문관은 우호와 최혜국 조관에 위배된다는 항의서를
조선 외부로 발송했고 이를 근거로 김윤식은 일본인 고문관 고빙을
지연 내지 거부하는 구실로 삼으면서 서양인의 고용을 주장할 수
있었다.[20]

〈표 3〉 갑오기 정부 고문관 명단 (1894~1895)

이름	국적	부서명	고빙기간	출전
石塚英藏	일	내각고문	1894. 12~1895. 8	공사관기록
岡本柳之助	일	궁내부/군부 고문	1894. 12, 1895. 2	공사관기록
C. LeGendre	미	궁내부고문	1895. 7~1899. 9	공사관기록
서재필	미	중추원고문	1895. 5~1897. 12	공사관기록
齊藤修一郎	일	내부고문	1895~	공사관기록
太庭寬一	일	내부고문	1895. 5~	공사관기록
澁谷加藤次	일	고문보좌관/내부고문	1895~	공사관기록
仁尾惟茂	일	탁지부 고문	1895. 1~1896. 2	공사관기록
McLeavy Brown	영	탁지부 고문	1894. 10~1897. 12	영미외교자료집
C. Greathouse	미	외부고문	1894. 12~1899. 10	공사관기록
吉松豊作	일	법부고문	1895~	공사관기록
星亨	일	법부고문	1895. 4~	공사관기록

20 박일근 편집, 1981 *Anglo-American and Chinese Diplomatic Materials Relating to Korea* II, 신문당, Inclosure 1, 2 in No. 231, 1894. 9. 8, 1894. 9. 6 ; Inclosure 5 in No. 420, 1894. 9. 6 ;『공사관기록』권5 (12) 기밀 제193호 본116, '정치고문관 초빙의 건', 56쪽

이름	국적	부서명	고빙기간	출전
野澤鷄一	일	법부고문	1896. 2~1897. 1	고문서 奎4228
山田雪助	일	농상공부고문	1895. 5~1897. 5	공사관기록
長谷川義之介	일	농상공부고문	1895. 5~	공사관기록
楠瀬辛彦	일	군부고문	1895. 2~	공사관기록
武久克造	일	경무청고문	1894. 12~1896. 2	공사관기록
永島某	일	학부고문	1895. 5~	공사관기록
賴脇壽雄	일	내부고문	1895~1896. 3	『日案』5, #6332
栗林彦	일	군부보좌관	1895~	공사관기록
野野村金五郎	일	학부보좌관	1895~	공사관기록
加藤格昌	일	학부보좌관	1895~	공사관기록
木村綱太郎	일	학부보좌관	1895~	공사관기록
佐藤潤象	일	학부보좌관	1895~	공사관기록
多田桓	일	내각보좌관	1895. 6~을미기	고문서 奎23078
鹽川一太郎	일	내부보좌관	1895. 1~을미기	고문서 奎4251
恒室盛服	일	내각보좌관	1895. 6~을미기	고문서 奎4257
加藤武	일	관보국고	1895~	공사관기록
阿比留銈作	일	경무청보좌관수륜과	1895~	공사관기록
齊藤二郎	일	법부보좌관	1895~	공사관기록
左藤彬	일	법부보좌관	1895~	공사관기록
高田富三	일	법무보좌관	1895~	공사관기록
八島英	일	法部雇員	1895~	공사관기록
吉松豊作	일	法部雇員	1895~	공사관기록
淺山顯三	일	보좌관	1895 초반	공사관기록
栗林次彦	일	보좌관	1895 초반	공사관기록
佐藤潤象	일	보좌관	1895 초반	공사관기록
曾我勉(會段勉)	일	보좌관	1895 초반	공사관기록
武田尙	일	보좌관	1895. 1~	고문서 奎4227
國分哲	일	군부번역사무관	1895. 12~	고문서 4258
麻川松太郎	일	사법학교교관	1895~	공사관기록
野村金五郎	일	학부보좌관	1895~	공사관기록
加藤格昌	일	학부보좌관	1895~	공사관기록
木村綱太郎	일	학부보좌관	1895~	공사관기록
住永琇三	일	통신국보좌관(농상공부)	1895~1897. 8. 3	『日案』3, #4325

〈표 4〉 1896년~1899년 고문관 명단

이름	국적	부서	재임시기
C.W. LeGendre	미	의정부	1898. 6~1899. 9
서재필	미	중추원	1895. 3~1897. 12
C.W. LeGendre	미	궁내부	1895~1899. 9
J. McLeavy Brown K. Alexeiev	영 러	탁지부	1894. 10~1897. 12 1897. 12~1888. 4
C.R. Greathouse	미	외부	1894. 12~1899. 10
C.R. Greathouse 野澤鷄一(법전편찬)	미 일	법부	1896. 2~1899. 10 1896. 2~1897. 1
서재필 山田雪助(통신담당)	미 일	농상공부	1896. 3~1897. 12 1895. 5~1897. 5
J.H.F. Nienstead Putiata	미 러	군부	1896. 10~1898. 3 1896. 10~1898. 4
A.B. Stripling	영	경무청	1897. 8
J. McLeavy Brown	영	해관총세무사	1893. 10~1905. 11

* 출전 : 『고종실록』

〈표 5〉 1900년~1903년 고문관 명단

이름	국적	재직 부서	고빙기간
W.F. Sands	미국	궁내부 / 외부	1899. 11~1904. 1
R. Cremazy	프랑스	법부	1900. 5~1904. 4
加藤增雄	일본	농상공부	1902. 8~1904
C. Deleoigue	벨기에	내부	1903. 3~1905. 1

* 출전 : 『舊韓國外交文書』고빙계약서(奎 23334, 奎 23473, 고문서 4226)

대한제국 정부는 고문관들에게서 조속히 기술과 업무를 배우려
는 자세보다는 오히려 이들이 전문관리인으로 조선 정부의 업무를
대신 관장해주기를 바라는 수동적이며 타율적인 자세를 보였고, 이
런 자세는 기존의 일본어 어휘를 그대로 유입시키는데 적지 않은

영향을 끼쳤다고 생각된다. 고종은 제국주의 시대적 상황 속에서 고문관들의 한계를 직시하지 못하고 국가 격변기에 고문관들을 자신의 안위나 독립을 수호하는 일종의 이이제이책으로 이용했다. 이로 인해, 그들은 정책 실무자라기보다는 상당히 정치성을 강하게 띤 정치고문관의 특성을 갖게 되었다고 볼 수 있다. 이상과 같이 대한제국 관보는 1894년 6월부터 1910년 8월 대한제국이 일본에 국권을 상실할 때까지 발행된 공적인 자료로서 당시의 정치와 경제, 군사, 행정, 교육, 문화, 각종 제도 등을 종합적으로 알 수 있는 자료이다. 大韓帝國官報가 당시의 정치와 경제, 군사, 행정, 교육, 문화, 각종 제도자료는 물론 언어 자료로서도 중요하며 특히 개화기에 일본어 어휘를 한국에 받아들이는 통로가 되었을 개연성이 있다고 생각한다.

大韓帝國官報

第一卷 (下)

1894년, 高宗 31년, 개국 503년

官　報　　開國五百三年九月十六日

昨日議政府嶺南捄弊別單一嶺南道內各樣還穀爲七
十二萬餘石宜其分儲列邑如法斂散而稱以移貿營邑
奸細無難幻弄今爲十一邑驛積逋無以爲兵荒之備令
道臣另査見在實摠作爲社還使民如法■■前後營邑
之挪移者吏屬之逋負者一一査覈徵捧虛摠並令蕩減
京營邑應捧耗作統計道內原結而均排統營及右兵營
穀並每石定價八兩收捧依此數支放事一結政旣以代
錢收捧事　啓下矣向前漕納邑並以米定價收捧京司
納田稅大同三手位米太下納勿分名目通夫石數並雜
費上納度支砲粮段依前移納沁營營鎭邑需米照京納

-497-

美價施行山郡邑勿爲作木作布代錢以原出米定價施
行駄價並內除勿爲加斂事一陳結段待檢災使之另査
登　聞事一　進上並京作貢施行情費永減海戶限二
年給復營邑更勿徵斂俾災民賴活　箋文段道臣上送
于臣府　進呈情費永減兵水使以下則勿令對　進事
一被災邑公納不當一例停退營邑當査其緩急勿令混
侵窮蔀兩湖移粟之請當令度支設法船運發賣事一司
僕補把及赴燕馬久爲各驛痼弊自今並勿施前工曹■
衣偃赤等條一例永革事一沿海漁■船稅令各該邑査
減挽近橫徵並行永革事一南營兵料錢令道臣査其實
數均排道內民戶凡稱以兵料橫斂條件並行蠲減各邑

-498-

查執結並令陞摠外他■稅所收一一枚報度支事○議
政府　啓曰卽見嶺南宣撫使李重夏狀本則臚列邑弊
民瘼請令廟堂　稟處而其一川反浦落陳荒結之寃徵
也其一虛簿還穀之白地徵耗也其一結役錢戶布錢之
年增歲加也其一轉運所之許多徵斂也其一嶺營兵料
錢之排斂也今於該道道臣狀　啓有所　稟覆待　啓
下一體行會何如　傳曰允○又　啓曰各道進　箋道
臣外並置之事己有成　命矣各道道臣　箋文依昨日
啓下別單嶺南例並上送臣府以爲都聚　進呈事知委
何如　傳曰允○又　啓曰各道一切上納均以代錢磨
鍊先由畿甸定結價除平安咸鏡外五道應納米太木布

並準石數疋數代錢收捧事議案行會而又於日昨以嶺
南結政有別單　啓下者矣兩湖海西江原四道米太木
布亦依嶺南例分山郡海邑每石每疋定價施行事令度
支衙門行關知委何如　傳曰允○議政府春川■守(落點)
任商準李敎獻李鐘健安州牧使趙秉翊朔寧郡守徐相
郁興海郡守安孝濟金堤郡守權鳳○壯衛營正領官
禹範善改差代肅川府使權潗鎭差下○傳曰左承宣右
副承宣許遞內務叅議李胤鐘李鐘元差下左承宣張錫
裕右承宣朴暾陽左副承宣李胤鍾右副承宣李鍾元○
議政府同知中樞院事白性基○傳曰此時警務之任不
可曠久卽速牌招○謝恩右承宣朴暾陽○統衛營龍虎

營旣合付本營矣禁軍別將職務另着兵房辦理事○法
務衙門前僉使金東旭前府使金基永甘作賭博窩主至
被警務䌷擧極涉駭然照律嚴處事○義禁司全羅監司
金鶴鎭狀 啓內 조경묘위판환봉안시궐참지 本
廟令爲先罷黜其罪狀令攸司 稟處事 啓下矣 肇
慶廟令鄭寅和自現就囚○又 啓曰水原判官沈能弼
令該守臣派員押上事○壯衛營軍司馬金奎行遷轉代
前校理李寅昌差下○義禁司粘連前梁山郡守李範善
照律罪杖一百收贖 啓依 允功減一等○承宣院
啓曰警務使許瑈謂有身病不爲入來事體所在誠極未
安推考何如 傳曰允○軍務衙門摠禦哨官許瑭陞差

代鄭祉永千摠李宗鎬改差代趙義昌統衛兵房李敏■
外任代(落點)尹泳奎趙存禹柳冀大南營領官方漢德改差
代任百淳軍司馬方孝直改差代金永勳軍醫秦尙穆改
差代白交赫本衙門主事鄭基鳳改差代林成喆安亨壽
改差代洪■ 啓下
十七日
謝恩右副承宣李鍾元管城將任百圭壯衛營隊官朴永
祜○下直庇仁縣監徐相元■山縣監卜鍾獻召村察訪
李齊正居山察訪馬冀龍順天營將李豊熙

官　報　　開國五百三年九月十七日

議政府 啓曰卽伏見完伯狀本 啓下者則以爲寶城

前郡守柳遠奎實心爲政捐廩賙窮備禦匪類闔境寧謐

徑遞之後民皆願借云其平日治績之見孚於民可以推

知該郡守柳遠奎特爲仍任何如 傳曰允○又 啓曰

卽伏見完伯狀本 啓下者則羅州營將李源佑特爲仍

任事今廟堂 稟處矣該營將當匪徒搶攘之時與牧

使同心堅守孤城獨全徑任軍民惜去依狀請特

爲仍任以責終始之效何如 傳曰允○又 啓曰湖南匪

徒在在作梗軍器見失前後邑宰鎭將之道 啓請勘爲

二十九人之多矣常時苟能嚴束防禦則豈有是理國網

掃地寧欲無言事當一一如法拿勘而全省擾攘此時各

邑鎭之勘處間曠務極爲可悶任實縣監閔忠植臨陂縣

令宋淳爀同福縣監兪致誠務安縣監李重益玉果縣監

洪祐奭興陽縣監曹始永益山郡守鄭元成和順縣監閔

泳奭龍安縣監閔進鎬法聖僉使權寅夏格浦僉使柳█

特令戴罪擧行右水使李圭桓前己問備今姑置之何如

傳曰允○又 啓曰卽伏見完伯狀本 啓下則匪徒聚衆

於南原府授奪軍器盤據府中而該府使尹秉觀受由歸

家今方促還云矣彼類向云歸化旋又作梗至有此盤據

雄府之交而曾未聞有一人捍禦者是可曰國有法乎萬

萬該愕該府使尹秉觀此時曠官以致失守不可但以拿

問而止爲先罷黜其代以軍務衙門僉議李龍憲差下當
日給馬下送以爲勒捕鎭服之地雖以道臣言之旣未得
先事操飭今此 啓聞何等緊急而日子若是遲滯不可
無警施以重推之典何如 傳曰允○又 啓曰卽見嶺
伯狀 啓則龍宮縣監李周儀軍器見失事令該司 稟
處矣固當拿勘而當此有事之時勘處間曠務極涉疎虞
特令戴罪擧行事 傳曰允○又 啓曰卽伏見完伯狀
本 啓下者則前道臣金文鉉在任時武南營兵料稱以
各邑吏隱結查出執摠爲五千石遠邑則代錢磨鍊以近
邑穀換捧者全州金堤兩邑稅米合爲二千六百六十四
石並與代錢一萬八千五百四十八兩已爲放料又因代

錢未收推移公貨及軍物新備錢合爲一萬三千六十五
兩而所謂隱結已經廉察使革罷則見今拮据無路兩邑
米合二千六百六十四石以該邑稅穀會減已捧代錢一
萬八千五百四十八兩未收推移錢一萬三千六十五兩
以營上納錢劃下事令廟堂 稟處矣前道臣之虛名查結
擅換稅納撥以法綱固當重勘而方在島置中不必更論
至於公穀公錢之無以充補者不得不蠲蕩乃已依狀辭
兩邑換用米二千六百六十四石以該邑稅穀會勘已捧
代錢及推移錢合一萬一千六百十三兩以該營上納中
劃下事分付度支衙門何如 傳曰允○又 啓曰向以
湖南均田之白地徵稅委折查覈登 聞事關問該道矣

卽見道臣狀 啓則以爲全州金堤金溝泰仁等四邑原
無白徵臨陂陳沓徵賭爲一千一百九十六石扶安陳沓
徵賭爲三百五石沃溝陳沓徵賭爲七十六石故查問於
均田吏則所告內七邑戊子陳土給牛糧勸耕成量案及
秋定賭之後以不可起之丙子陳土有冒入均案而納賭
者故區別存拔改正量案云而亦爲別歧廉探則前均田
使金昌錫狀 聞陳結三千九百一結八十九負二束限
年停稅則均賭輕於邑結多有冒入竟至丙戊之相混陳
廢之相錯起墾沓土另查執摠還八收租案恐合事宜云
矣均田國之大政也旣不能精白周察實心勸起致有此
避結入賭陳廢之相錯幻弄牟利辜負莫甚不容以事屬

旣往置之勿問前均田使金昌錫施以定配之典上項七
邑起墾沓土段今年條爲始還入原摠事分付度支衙門
何如 傳曰允○又啓曰右贊成李容元謂有情勢尙不
上來肅 命發關該道申飭上來何如 傳曰允○經理
廳兵房許璥(落點)李熙斌李啓興○承宣院 啓曰新差下
左副承宣李胤鍾在外上來 下諭事 傳曰許遞前副
護軍李敎奭差下左副承宣李鍾元右副承宣李敎奭○
議政府內務衙門叅議李鍾元李胤鍾移拜代中樞院員
外郞李日贊本衙門主事姜冕熙陞三品差下○議政府
因錦伯牒報中軍朴正祐箇滿代前營將南惟熙自辟
啓下○傳曰嶺南一路連歲歉荒今年則旱魃愈酷沿海

各邑景狀尤慘湖南左沿亦不免飢哀此孑遺之民何辜
于天此實由予否德不能感召和氣致此極備使孝子慈
孫不能養其親兄弟妻子流散顚連號呼宛轉於溝壑之
中中夜思之繞壁不寐如聞呻吟之聲如見領顑之容夫
使孩提凍餒而莫之救恤惡在其爲民父母也凡屬賑濟
之方道啓廟議宜無所不用其極而在予若恫如傷之念
誠有所不能已者向日嶺南賑資雖已劃下恐不足以濟
一時之急至於湖南災邑義均一視特下內帑錢三萬兩
令道臣酌量分賑俾有實效其兩道被災尤甚之邑朔膳
及節日方物物膳限明秋勿爲封進各殿宮朔膳物膳일
體停封節扇進上亦爲停免以補賑資嗚呼惟此區區數

事豈足覃惠書吾之心冀慰民之心竭吾之力冀寬民之
力惟爾道師臣克體予意凡可以實惠救民者廣設方略
深究荒政蠲租蕩逋毋嫌損上以保我 祖宗遺民之意
廟堂三懸鈴行會于兩道道臣○謝恩左副承宣李鍾元
○議政府僉知中樞院事趙國懸○軍務衙門文城僉使
李鶴山改差代劉寅柱吾叉浦僉使姜興俊改差代李元
載白峙僉使郭成龍改差代李敬學阿山萬戶金東淳改
差代朴榮周長峯島別將李昌儀改差代金洪奭摠禦騎
士將金炳堯改差代閔致琓東道叅軍李康憲改差代李
起命差下○以全羅監司金鶴鎭狀 啓礪山府民家漂
頹事 傳曰人命渰死聞甚驚慘民家漂頹幾近二百戶

矣念其號呼失所之狀惻然驚心灘所止届結搆奠接之

方從長區劃另加顧助俾無一民仳離之患浮死人等如

有生前身還布並蕩减未拯屍身期於拯得事各別措辭

分付○工務衙門成歡察訪尹瀅錫　啓下○義禁司水

原判官沈能弼自現就囚○統衛營二兼將李丙■改差

代鄭駿好差下副領官蔡奎駿改差鄭駿好移差代白南

奭李鍾緖差下○義禁司　肇慶廟令鄭寅和照律何如

啓依　允○謝恩警務使許璡　十八日

謝恩統衛營兵房尹泳奎春川■守任商準壯衛營軍司

馬李寅昌羽林將李宜淳李駿性內禁將姜■會鳳山郡

守李敏■○下直多大僉使朴世赫

官　報　　開國五百三年九月十八日

今十七日議案一七月十八日議案中各衙門大臣及將

臣警務使兼軍國機務處會議員事己蒙　允下而伊來

有若傍觀槩不如■請更降　勅旨使之按會來叅以廣

議事之路事一七月二十二日議案中大小官員上疏除

辭職及獻策言事外凡係劾論等事　啓下議政府付之

都察院傳問該員查得實狀實證後　稟處事己蒙　啓

下矣當此國事惟艱之際巨細事務不可一日暫曠每因

不明之一言遂至引罪廢務從今以往查得實狀實證自

政府稟　旨後始許引罪事○議政府僉知中樞院事李

胤鍾平康縣監徐丙照羣山僉使崔建壽高山里僉使李

鳳奎○議政府因軍務衙門牒報忠州營將金炳堯內移

代前府使白樂均尙州營將閔致琬內移代前縣監柳寅

衡差下○又　啓因忠淸兵使牒報本營虞候以前部將

姜斗永自辟　啓下○謝恩右副承宣李敎奭○答前司

果呂圭亨疏曰省疏具悉往事何必爲引爾其勿辭察職

○水原■守書目都憲尹瀗上疏上送事　答曰省疏具

悉卿其勿辭行公○京畿監司書目度支協辦金喜洙上

疏上送事　答曰省疏具悉卿其勿辭從便救護○法務

衙門金東旭金基永照律嚴處事蒙　允矣各杖八十收贖

放送事　傳曰贖金特爲置之以安此時民志○議政府

啓曰卽見忠淸監司朴齊純狀　啓謄報則枚擧魯城縣

監金靖圭牒報而湖南匪徒警報至矣今此匪徒亂形已
著道臣守宰不思勦討之策而邑報有若汗漫道 啓初
不論勘膽傳報辭循例登 聞其在國網寧容若是不可
但以駭愕言當該道臣守令固當罷拿而此時遞易亦涉
疎虞並姑令戴罪擧行使之另飭各邑鎭嚴加團束徵兵
備禦雖以完伯言之亂萌旣在該道初無狀 聞大關事
體姑先施以越俸之典亦飭梱鎭列邑設法勦滅後形止
陸續馳 聞事三懸鈴分付兩道道臣何如 傳曰允○
全羅監司書目上疏上送事 答曰省疏具悉此時此任
何可輕遞卿其勿辭益勉旬宣之責○前正言李暻浩上
疏大槩敢陳憂惋之忱冀降 處分事

十九日
謝恩議政府主事金澤榮軍務衙門主事洪■林成喆經
理廳兵房李熙斌安州牧使趙秉翊南原府使李龍憲○
下直竹山府使李斗璜江東縣監徐相洛○法務衙門大
臣洪鍾軒上疏大槩職旣不稱病又難强敢陳衷懇冀蒙
恩諒事

官　報　　開國五百三年九月十九日

錦伯書目丹陽郡守宋秉弼素性貪婪施措乖當連原察
訪柳漢█曠官一碁驛務多廢鎭岑縣監李時宇曠官三
朔無意還任並罷黜事○海伯書目鳳山洞仙嶺電線斷
截之張元石梟首警衆事○七月十四日議案中文官授
任式第五條第七條二十四個月以十二個月付標　啓
下○議政府卽見箕伯狀　啓謄報則前監司閔丙奭不
知所在印信兵符及道內各邑鎭守令邊將兵符左隻七
十兩隻並爲無乎則印信兵符速造下送爲辭矣印信今
方鑄送而兵符則令承宣院斯速造成下送所管各邑鎭
兵符右隻待新造下送舊件上送燒火事知委何如　傳

曰允○議政府肅川府使李鶴圭丹陽郡守權瀟鎭岑縣
監李世卿○今十七日宣諭使書目肅川府使申德均妄
疑徑怯█印逃竄爲先罷黜其罪狀令該衙問　稟處事
○議政府　啓曰卽見濟州前牧使李奎遠狀　啓則以
爲本州前五衛將金膺杓李時英前縣監宋斗玉出義願
納本州判官蔡龜錫捐俸補賑實惠茂績一體論列昨年
夏秋停退還穀民皆仳離末由徵刷耗穀姑捨並與原穀
自歸勿論其中八百七十四石零某樣措劃其餘不得不
蕩蠲而莫重國穀不敢擅便云矣第惟島民當此荐歉仳
離失所至有出陸圖生者其在均視之道宜有覃惠之典
還穀三千九百七十七石十二斗七升五合限五年停退

此時願納而補賑出義而捐廩尤用嘉尙前五衛將金膺
杓李時英並管下守令待窠差送前縣監宋斗玉加資本
州判官蔡龜錫施以陞敍之典何如　傳曰允○壯衛營
正領官權瀁鎭改差代李奎泰差下○義禁司　啓目水
原判官沈能弼照律何如　啓依　允○又照目粘連
肇慶廟令鄭寅和照律罪杖一百公罪收贖奉　敎依
允○下直南原府使李龍憲○傳曰右副承宣許遞前承
旨任澤鎬差下○答法務大臣洪鍾軒疏曰省疏具悉此
時此任豈可言私務察廷尉之平○傳曰直殿朴台熙馳
詣　華寧殿奉審摘奸仍詣　健陵　顯隆園一體奉審
以來○義禁司前均田使金昌錫洪州牧定配而時在全

州令該道臣孤員押付配所事○壯衛營竹山府使李斗
璜率領領官一員隊官二員敎長八員兵丁二隊明日調
發事○嶺伯書目星州牧使吳錫泳軍物見奪徑庭避身
匿類犯邑爲先罷黜其罪狀令該司　稟處事
二十日
謝恩摠禦營把摠許瑭千摠趙義昌哨官鄭祖永統衛營
領官李鍾緒白南奭壯衛營領官李圭泰兼司僕將鄭駿
好內務衙門叅議呂圭亨李日贊姜晁熙

官　報　　開國五百三年九月二十日

藥房日次問　安　答曰知道　王大妃殿氣候一樣

中宮殿氣候安順卿等不必入侍矣○今十九日議案一

七月二十四日議案中各道上納許代純錢米商會社不

容不亟設都下米廛大行首及五江江主人與貿米坐賈

倂許合股設社由農商衙門給憑定■以便公納兼興商

務事　啓下矣現今秋事告成米商會社亟應設立令度

支衙門農商衙門商確妥定務圖實施事一羅州淳昌洪

州安義四邑守宰當匪徒猖獗之際奮身勤討或設法防

堵列邑依以爲重凡附近各邑匪徒勤撫之方專委該倅

便宜行事之意請令廟堂　稟處事　啓下者已屢日而

尙未聞稟　旨之如何伏切訝菀醴泉吏民之出力勤捕

亦係嘉尙羅州淳昌洪州安義四邑守宰及醴泉郡先倡

討賊之人倂今廟堂　稟請委任不日招討廓淸妖氛事

一文官授任式第二條勅任官均由　聖簡總理大臣會

同各衙門大臣及贊成都憲協議公擧備三望奏　聞取

旨點用事　啓下矣均由　聖簡下添入或　命二字著

爲定式本月十一日議案中　勅任官差出一條請銷案

事○嶺伯書目金烏別將李宗夏匪類猖獗警備疎虞援

以法綱固當論罷第其倉卒値此突入殘鎭弱卒難以抵

當而揆以事體亦難全怒其論罪一■令該司　稟處事

○議政府內務衙門主事姜晃熙陞差代前司果申肯休

差下○時原任大臣聯名箚子大槩聯陳愚忱乞收成
命事○謝恩右承宣任澤鎬○宗伯府二日程以上各
陵　園祭享獻官今以畿邑守令塡差則齊官當爲來受
香祝而一員　祭物陪進一員　香祝陪往易致空　齊之
患自今爲始　齊陵　英陵　光陵　順陵　長陵　寧陵各
祭享香祝依　肇慶廟　慶基殿例都受下送　昭寧園
徽慶園一體依此爲之而事係　祀典不敢擅便何以爲
之乎　答曰依此磨鍊○壯衛營隊官元世祿陞差代敎
長李圭■差下○宗伯府來十一月初四日行　景慕宮
冬享大祭　親祭取　稟奉　敎恭依○議政府同知中
樞院事權溁鎭僉知中樞院事李敎奭○工務衙門連原

察訪柳漢鼎狀罷代蔡東根差下○答時原任大臣聯名
■曰省■具悉卿懇卿等之苦懇旣如此不得已勉從仍
傳曰此批答遣史官傳諭○傳曰　太廟冬享大祭遣大臣
攝行一依親祭例磨鍊○傳曰都承宣許遞都憲趙漢國
差下○傳曰讀有闕之代前權差記注洪顯哲差下○
義禁司照目粘連沈能弼杖一百收贖告身盡行追奪礪
山府流三千里定配係是贓賄流配不付功議以入事又
啓■山縣監金雲培自現就囚　　　　二十一日
謝恩社稷令金轍鉉農商衙門主事任昌宰統衛營哨官
李相駿陝川郡守李顯■○下直仁川府使鄭寅變松羅
察訪金學魯○尙衣主事姜泓柴■監刈後入來

官　報　　開國五百三年九月二十一日

議政府同知中樞院事金明圭○錦伯書目帶率軍官前
主事朴世網釀起亂萌凶情已露本月十七日錦江津頭
大會軍民梟首警衆事○又書目全義縣監李敎承雖云
身病到任過限不得已罷黜事○工務衙門銀溪察訪朴
秉胥改差代朴義寅差下○傳曰左承宣許遞尙州牧使
尹泰元差下左承宣朴暾陽右承宣李鍾元左副承宣任
澤鎬右副承宣尹泰元○統衛營叅領官姜■會李宜淳
李駿性禁軍將移差代具然恆李奎性李明憲差下○傳
曰被譎蒙放人閔泳達蕩滌用○完伯書目南原府使
尹秉觀興陽縣監曹始永光陽縣監趙重燁昌平縣令鄭

雲鶴受由過限際此時擾不可仍置並罷黜其罪狀令攸
司　稟處事○又書目茂朱府使趙性憙身病呈狀不得
已罷黜事○議政府　啓曰忠牧有闕矣此時此地不可
久曠前差牧使朴世秉還授使之當日下直給馬下送何
如　傳曰允○又　啓曰兩湖之間有此匪類之猖獗其
爲憂虞靡所止屆扈衛副將申正熙巡撫使差下使之設
營節制諸軍以爲隨機勦撫之地何如　傳曰允○承宣
院　啓曰新差下右副承宣尹泰元時在任所上來　下
諭事　傳曰許遞前副護軍趙義斌差下右副承宣趙義
斌○宗伯府　景慕宮冬享大祭　親行時　王世子亞
之節依例磨鍊乎　傳曰依例磨鍊○內務衙門公州

判官趙命鎬身病改差○義禁司古突山別將朴應朝自

現就囚○又 啓曰肅川府使申德均令該道臣派員押

上事○又 啓目■山縣監金雲培照律何如 啓依

允○宗伯府 宗廟冬享大祭取 稟還入攝儀改 書下

二十二日

謝恩侍讀洪顯哲摠禦營騎士將許岏水原判官李載觀

吾又浦僉使李元載京畿中軍徐廷喆鎭岑縣監李世卿

尙州營將柳寅衡○下直安州牧使趙秉翊鳳山郡守李

敏■

官　報　　開國五百三年九月二十二日

今二十一日議案一議會之設今至三個月矣事案之已
經 啓下者甚多而言之非難行之維艱由政府申飭各
衙門務圖實施考其勤慢公行黜陟自今爲始議會間五
日設行事一會議日各衙門大臣各營將臣及警務使各
以所管職內事務另成案件提出議會事○今十一日議
案中議事部行政部兩相對峙事及承宣院移屬政府事
付黃銷案○謝恩都承宣趙漢國右承宣李鍾元虎賁衛
別將洪啓薰○傳曰右承宣許遞前承旨沈相璜差下右
承宣任澤鎬左副承宣趙羲斌右副承宣沈相璜○壯衛
營兵房尹雄烈改差代(落點)李泰鉉鄭完默元禹常○內務

衙門臨陂縣令宋淳爀身病改差○議政府知中樞院事
閔泳達同知中樞院事閔泳綺僉知中樞院事張錫裕尹
泰元○昨日內務衙門忠州牧使閔泳綺河東府使李采
淵俱以身病改差○議政府 啓曰卽伏見全羅監司金
鶴鎭狀本 啓下者則以爲南原府 聚會之匪徒爲五六
萬各持兵器日夜丞跳踉全州金溝所聚之黨旣化旋梗云
而曾無一辭及於勦討之策方面之責固如是乎揆以事
體萬萬駭歎該道臣姑先施以譴罷之典何如 傳曰允
○又 啓曰卽見錦伯狀 啓則全義縣監李敎承以赴
任過限論罷矣道 啓寔遵定式而迎送之弊不可不念
特爲安徐何如 傳曰允○又 啓曰卽接箕伯電報則

嘉山空官龍川逃避將論罷云兩倅罪狀當有道 啓論
列而此時西邑不容暫曠上項嘉山郡守金鍾桓龍川府
使權國鉉並爲先罷黜卽爲差代促赴之地何如 傳曰
允○議政府都憲(落點)李泰容金奎軾李胄榮尙州牧使李
晩胤河東府使洪澤厚公州判官朴宣陽興陽縣監朴始
淳光陽縣監金宇根外務衙門叅議李鶴圭外任代前縣
監李夏榮陞差度支衙門叅議李敎奭移差代前縣監朴
義成陞差主事李範學外任代中樞院員外郎柳譚差下
○議禁司 啓目古突山別將朴應朝照律■山縣監金
雲培照律罪笞四十收贖付過還職私罪奉 敎依 允
○昨日巡撫使差下草記中巡撫使以都巡撫使付標○

以司謁 口傳下敎曰扈衛廳薪營移接於東營統衛新
營移接於前御營廳○軍務衙門摠禦營別將李秉勳改
差代李鳳鎬騎士將閔致玩改差代許岏明月萬戶韓原
喆罷黜代康奉儀蝟島僉使金聖俊改差代崔興植古羣
山僉使邊鎭守改差代秋敎臣馬梁僉使金顯鼎改差代
劉寅柱造山萬戶康文錫改差代趙基高越松萬戶朴齊
榮改差代金顯澤長壽別將蔡奎榮改差代張龍淵差下
○義禁司雲峯前縣監洪淳學光州前牧使閔■鎬昌平
縣令鄭雲鶴潭陽前府使尹濟翼綾州前牧使徐完淳谷
城前縣監魚在潤康津前縣監閔昌鎬珍島前府使李熙
昇南原府使尹秉觀羣山僉使申永熙金城別將崔世哲

古羣山僉使梁成祿蝟島僉使金聖俊蛟龍別將李能友
並令該道臣派員押上事○內醫院 眞殿茶禮所用全
羅監司封進■子忠淸水使封進生鰒過限闕供揆以事
體萬萬悚惶該道臣從重推考該水使施以罷職之典何
如 傳曰允
二十三日
謝恩左副承宣趙羲斌內務衙門主事申肯休壯衛營隊
官李圭植忠州牧使朴世秉成歡察訪尹瀅錫○下直陜
川郡守李顯■水原判官李載覲

官　報　　開國五百三年九月二十三日

忠州牧使朴世秉謝恩後仍爲下直○錦伯書目永春縣

監朴用鎭老病難堪邑務多廢不得己罷黜事○又書目

帶率軍官前主事朴東鎭誑惑民心■刻難貸本月十九

日錦江津頭大會軍民梟首警衆事○議政府全羅監司

(落點)李勝宇李聖烈李秀洪龍川府使尹秉善嘉山郡守洪

淳旭本府主事洪澤厚外任代前公事官任麒鎬法務衙

門叅議朴始淳外任代僉知中樞院事洪鐘檍差下洪州

牧使趙載觀稷山縣監金建洙慈仁縣監曹有承同知中

樞院事尹雄烈僉知中樞院事李鍾元李秉勳○議政府

啓新差守令中南原府使李龍憲興陽縣監朴始淳並召

募使差下自下去路一邊召募以爲協力勦討之地興陽

縣監亦令當日下直給馬下送事○又　啓河東方有匪

擾云新差府使洪澤厚使之當日下直給馬下送事○又

啓新　除授全羅監司李勝宇時在洪州任所使之除

朝辭卽速赴任　密符前監司所佩仍授　教諭書令承

宣院成出安　寶定禁軍騎撥下送事○傳曰被謫蒙放

人趙秉式蕩叙用○農商衙門主事尹瀅錫外任代幼

學姜正欽　啓下○內務衙門瑞興府使洪岐周身病改

差○傳曰知中樞院事閔泳達除拜有日尙不出肅是何

事體令承宣院嚴飭肅命○軍務衙門卽伏見慶尙監司

狀　啓　啓下者則金烏別將李宗夏縱緣匪類猖獗見

奪軍物罪難全恕云矣固當罷拿而不無守城久曠之慮
姑令戴罪擧行事○統衛營叅領官李奎性在外代李奎
聖差下○義禁司興陽縣監曹始永光陽縣監趙重燁令
該道臣抓員押上事　　二十四日
謝恩右副承宣沈相璜度支衙門主事柳譚摠禦營哨官
具然浩河東府使洪澤厚仍下直平康縣監徐丙照越松
萬戶金顯澤○下直鎮岑縣監李世卿木浦萬戶崔俊成
○典牲主事閔廷植柴■監刈後入來○知中樞院事閔
泳達上疏大槩敢陳危蹙之懇冀蒙屏斥之　恩事○經
理使安駧壽上疏太槩敢陳實病難强之狀冀蒙見職亟
遞之　恩事

官　報　　開國五百三年九月二十四日

藥房日次問　安　答曰知道　王大妃殿氣候一樣

中宮殿氣候安順卿等不必入侍矣○議政府統制使閔

泳玉身病改差○議政府　啓曰泰仁縣監洪冕周咸平

縣監權豐植響以軍器見失事有押上之　命矣有事之

地未可暫曠特令戴罪擧行事○又,啓曰瑞興府使有

闕矣以長城府使宋寅玉移差長城府使之代僉知中樞

院事李秉勳差下湖南守令不可暫曠使之當日下直給

馬下送事○前正言金炯穆上疏大槩敢陳憂悗之忱冀

降　處分事○傳曰右承宣馳詣受　香諸處奉審摘奸

以來○壯衛營兵房李泰鉉改差代(落點)沈寅澤李根豐李

冕榮○箕伯書目平壤庶尹李敬翼去月二十二日身死

○又書目中軍李希■淸兵敗歸之路猝被綑縛至於兵

符見失江東縣監閔泳純逃避已久杳無蹤跡大同察訪

盧觀夏偃然在家于今三朔慈山府使李敏集順川兼符

無難還送並爲先罷黜其罪狀令該衙門　稟處事○又

書目安州牧使金奎升所佩符隻仍不傳授爲先罷黜其

罪狀令該衙門　稟處事○議政府判中樞院事趙秉式

知中樞院事李泰鉉同知中樞院事朴珪熙僉知中樞院

事李敏變○平安兵使書目虞侯金信默罷黜其罪狀令

攸司　稟處事○答知中樞院事閔泳達疏曰省疏具悉

言是無據不足爲引卿其勿辭卽爲肅命○答經理使安

駒壽疏曰省疏具悉此時此任何可輕遞卿其勿辭行公
○僉知中樞院事南周元上疏大槩敢陳憂憤之忱亟降
處分事○巡撫營中軍許璸從事官二單黃章淵鄭寅杓
○傳曰知中樞院事閔泳達疏批己下卽爲牌招如有違
牌勿爲呼望○答農商衙門協辦成岐運疏曰省疏具悉
所辭之任何可並遞使銜依施○議政府統制使(落點)洪南
周李敎駿具駿鉉臨陂縣令安志承永春縣監申肯休○
義禁司朴應朝笞四十收贖附過還職而職旣見遞自歸
勿論只行收贖功減一等○議政府 啓曰兩湖匪類近
復蔓延於嶺南關東畿海等地云各處勦撫事宜並令巡
撫使一切辦理事○又 啓曰新差成川府使李秀萬稱

以在外不卽赴任云此時西邑豈容若是虛徐嚴飭不日
下送事
二十五日
中宮殿誕日 大殿 王大妃殿 中宮殿 世子宮
世子嬪宮 宮內府內閣承宣院 經筵廳春桂坊百官
問 安 答曰知道○謝恩 宗廟令李範軾都憲李泰
容知中樞院事閔泳達同知中樞院事金明圭農商衙門
叅議姜友馨外務衙門叅議李夏榮度支衙門叅議李鼎
煥法務衙門叅議洪鍾檍設書李重五摠禦營別將李鳳
鎬洪州牧使趙載觀

官 報 開國五百三年九月二十五日

議政府啓曰統制使洪南周以昌原府使移拜矣 密

符以前統制使所佩仍授 敎諭書令承宣院成出安

寶定禁軍騎撥下送使之速爲赴任事又啓曰新差洪州

牧使趙載觀以曾經該道兵使有違格例不欲赴任云當

此有事之時不容以此爲拘申飭不日下送事又啓曰興

陽縣監朴始淳聞有實病勢難赴任云改差其代以軍務

衙門主事柳錫膺差下使之當日下直給馬下送事又啓

曰湖南新差守令中長城府使李秉勳召募使亦爲差下

使之下去路召募協力勦討事又啓曰兩湖都巡撫使今

旣開府矣宜有授符之符 敎諭書令承宣院成出安

寶一體傳授巡察使以下使之專制事又啓曰卽見嶺伯

電報則大邱判官以勦匪事派往河東晉州等地安義縣

監以咸陽兼任方今備禦云大邱判官池錫永討捕使差

下安義縣監趙元植助防將差下使之專意防勦事發電

知委事○昨日謝恩摠禦營哨官具然洽○議政府同

知中樞院事閔泳玉昌原府使李鍾緒○司饔院啓曰全

羅道忠淸道所封 誕日物膳 進上無端闕供萬萬該

然當該道臣爲先推考其遲滯委折査實馳啓事

　　二十六日

謝恩農商衙門主事姜正欽壯衛營兵房沈寅澤長城府

使李秉勳龍川府使尹秉善嘉山郡守洪淳旭輩山僉使

崔建壽造山萬戶趙基高連原察訪蔡東根○下直平康
縣監徐丙照尙州營將柳寅衡○江華■守金允植上疏
大槩敢陳官守無攝之義乞解鎭撫兼帶之任事○經理
使安駉壽上疏大槩泲控病實冀蒙體劣恤之 恩事

官　報　　開國五百三年九月二十六日

長城府使李秉勳謝恩後仍爲下直○謝恩蝟島僉使崔
興植○傳曰近日匪徒滋擾是無前之變抗拒君命而稱
曰義兵是可忍也孰不可忍也當此民志靡定之時又有
何挾雜奸細之徒僞造交蹟串通匪類種種入聞極爲痛
心嗣後如有此等殊常之類或云密旨或稱分付而煽動
民間脅制官長者立卽捕拿先斬後聞如或遲疑不決掩
置不聞現發之日難免私縱之罪令廟堂火速知委於三
南道師신○傳曰民擾之起始由於不勝貪虐之苦其情
可哀故國家不忍加討專事撫摩今聞此所在倡亂■
妖惑衆盜竊軍器攻城掠民단坦無顧忌向者分遣宣撫繼

以布告而冥頑不悛悖逆日甚此不可以良民視之者也
今將命將出師廓淸妖氛如該匪徒等棄兵歸化各復其
業或捕納其渠魁者當免死論賞若猶恃衆不服敢拒王
命或革面而不革心反覆無常者並誅滅無赦廟堂以此
意知委於各道道臣及宣撫使使之宣示匪徒匪無後悔
之地○傳曰有實故侍講許遞前校理徐丙祜差下○傳
曰都承宣許遞同中樞鄭寅昇差下○答江華■守金允
植疏曰省疏具悉卿其勿辭姑爲仍帶○答經理使安駉
壽疏曰省疏具悉此非如是屢瀆之時矣○宮內府　貞
陵令金增集病遞代(落點)朴海聞李大永丁大■○嶺伯書
目眞寶縣監金東潤身病罷黜事○議政府僉知中樞院

事朴始淳○軍務衙門柔遠僉使秋敎臣委曲僉使嚴信
永三防別將邊鎭守保山別將羅勳潮金井別將裴景昊
○議政府啓曰卽聞江陵方有匪擾而該府使以前任慈
城郡守須代未赴云有事之地不容久曠而慈山府使適
見缺矣以江陵府使金永鎭移差使之便道卽赴江陵府
使之代前承旨李會源差下聞其家在道內亦令除朝辭
赴任事三懸鈴行會何如 傳曰允又啓曰近聞匪類橫
行列邑守令不惟不能緝捕往往有厚待者云其果不畏
國法而然乎萬萬該悗當該守令隨現摘發從重論勘之
意關飭三南道臣事又啓曰卽見畿伯狀啓謄報則砥
平縣匪徒數百名設接于洪川地出沒■掠本縣居前監

役孟英在爲副約長率官私砲軍百餘名到洪川地擒其
魁高錫柱李熙一申昌熙或斬或斃殺其黨五名餘皆四
散所棄槍五十八柄收納軍庫砲軍金伯先爲彼徒所傷
孟英在之仗義斬獲砲軍■之效力赴難合有褒賞之典
今廟堂稟處爲辭矣一自畿湖匪擾以來官民擧皆畏避
以致滋蔓難圖今見此報孟英在以鄕紳出義越境勦匪
其功可嘉聞方自巡撫營啓差召募官使之益加激勵專
意追捕而守令待窠差送砲軍之被傷者自營邑給資療
治事分付何如 傳曰允○議政府因軍務衙門牒報宣
傳官李敏燮改差代前副護軍權鳳圭差下僉議李龍憲
外任代前水使李奎大主事柳錫膺外任代前監役鄭喆

其差下○以完伯狀啓全州兵械之失守自顧溺職惶恐
待罪事　傳曰勿待罪事回諭○以北伯狀啓永興府人
命壓死事　傳曰人命之壓死民家之頹壓聞甚矜惻元
恤典外別加顧助如有生前身還布並蕩減結搆奠接之
方廟堂措辭分付○統衛營副領官李鍾緒外任代富平
府使申林差下○兩湖都巡撫營啓曰安城後援兵今方
發行矣前縣監李相德前副司果李潤徹前軍司馬申孝
湜自願從軍並叅謀官差下使之從行效勞何如　傳曰
允又啓曰砥平前監役孟英在前主事鄭基鳳並畿甸召
募官差下使之出力勤捕何如　傳曰允又啓曰錦山幼
學丁斗燮召募官差下首校鄭志煥本營軍官差定使之

終始效勞何如　傳曰允○軍務衙門南營文案朱鈺厚
改差代裵以赫摠禦別將尹秉善外任代李鎰騎士將李
寬植改差代李基東差下○兩湖都巡撫營別軍官七單李
圭泰李熙重李秉世申林洪運燮具然恆申佐熙叅謀士
五單金近植吳振泳洪建祖朴永世李明翔○承宣院啓
曰奏御文字何等審愼而兩湖都巡撫使　教書符單中
有所漏落使之改修正以入記史記注並所當重勘本院
請推外無他施罰何以爲之事　傳曰並從重推考捧納
承宣推考

　　二十七日

謝恩議政府主事任麒鎬臨陂縣令安志承瑞興府使宋

寅玉永春縣監申肯休馬梁僉使劉寅柱○興陽縣監柳

錫膺謝恩後仍爲下直○直學士趙東潤上疏大槩職悚

虛糜情急歸護敢陳至切之懇冀蒙亟遞之 恩事

官　報　　開國五百三年九月二十七日

昨日 傳教中知委於三南道師臣以各道道師臣改書
下〇議政府啓曰忠淸水使李鳳九以生鰒闕供事內局
草記論罷矣此時迎送之斃不可不念特爲安徐事〇答
直學士趙東潤疏曰省疏具悉卿其勿辭救護〇內務衙
門主事申肯休外任代幼學兪鎭哲啓下〇議政府同知
中樞院事趙漢國〇昨日軍務衙門草記中柔遠僉使以
柔院改付標〇忠淸兵使書目軍器見失虞候白樂重
罷黜事〇以嶺南宣撫使兼按覈使狀啓寧海府起擾根
委緊犯多漏覈體不成未免草率惶恐待罪事 傳曰勿
待罪事回諭〇駐箚美國辦理大臣李承壽書記官張鳳

煥入來〇工務衙門大同察訪盧觀夏狀罷代盧德純啓
下〇統衛營副領官申林改差代趙國顯差下〇義禁司
寧海前府使金瀗秀就囚事又草記安州牧使金奎升江
東縣監閔泳純大同察訪盧觀夏慈山府使李敏集安州
虞候金信默並令該道臣派員押上事

　　二十八日

謝恩都承宣鄭寅昇侍講徐丙祜宣傳官權鳳圭摠禦營
別將李鎰成川府使李秀萬昌原府使李鍾緖三嘉縣令
金泳圭〇下直洪州牧使趙載觀龍川府使尹秉善嘉山
郡守洪淳旭〇經理使安駉壽上疏大槩荐控必辭之義
冀蒙矜諒之 恩事

官　報　　開國五百三年九月二十八日

議政府啓曰卽接箕伯電報泰川縣監朴文一身死云且
聞郭山郡守李敏濟以前任慶尙左兵虞候須代未赴此
時西邑不可久曠改差並卽差代不日下送事〇傳曰左
承宣許遞同中樞白性基差下左承宣白性基右承宣朴
暾陽左副承宣任澤鎬〇謝恩右承宣朴暾陽〇答經理
使安馹壽疏曰省疏具悉至再至三是何道理〇壯衛營
文案朴海聞遷轉代前陵令金增集差下〇內務衙門朔
寧郡守徐相郁楊根郡守安駿玉身病改差〇議政府啓
曰卽接忠淸監司朴齊純謄報則枚擧兵使李長會所報
今月二十四日匪類數萬來犯城下兵使親冒拒戰殺賊

數十賊始退散云而湖匪聲氣聯絡以若監兵營之力無
以堵禦爲辭矣纔聞上黨失械之警而此報踵至湖西藩
梱備豫無素極爲疎虞令巡撫營亟籌調兵赴援之方使
此匪類不日廓淸何如　傳曰允〇議政府朔寧郡守柳
台衡安山郡守安昱相楊根郡守徐周輔郭山郡守韓啓
錫眞寶縣監任百淳泰川縣監李世愚　因軍務衙門牒
報公州營將李基東內移代前府使鄭賢朝陞三品差下
忠州營將白樂均改差代前縣監朴基仁差下因黃海兵
使牒報本營虞候李相魯自辟啓下〇兩湖都巡撫營兩
湖匪徒互相連結自湖西見方請援於湖南云聽聞該惑
爲先沁營兵丁使該營中軍領率從水路直抵恩津魯城

等地以爲鎭守堵截之方事○經理廳兵丁發巡於安城
郡事當日調發○軍務衙門卽伏見慶尙監司狀本啓下
者則慶州營將鄭弘基綜詳廉明鎭民安堵與論惜去當
此擾攘一鎭賴安極爲嘉尙姑爲仍任事安東營將金好
焌操飭焉鎭隷無恣橫團束焉邑丁有警備亂類則掃蕩
隣邑則救急六朔居任管境肅淸似此實蹟宜有獎勸特
許仍任俾責終始事○義禁司雲峯前縣監洪淳學就囚

　　二十九日

謝恩行左承宣白性基委曲斂使嚴信永○下直瑞興府
使宋寅玉三嘉縣監金泳圭永春縣監申肯休

官　報　　開國五百三年九月二十九日

議政府啓曰卽伏見寧海府按覈使李重夏狀本啓下者
則臚列諸犯首從以待處分云矣今此寧民之羣訴宣爲
結價之要減多日相持竟如其願衆會將散忽遭追捉之
擧頑心所激遂至舁棄之變犯分干紀自底罔赦執跡而
論三尺猶輕南應福本以鄕曲悖類甘作邑擾首倡狀頭
煽亂雖旣自服犯手行頑實無明證其在審克之意合施
罪疑之典特爲減死嚴刑三次遠惡島限己身定配申快
淵身爲下吏久掌錢穀積斂謗怨馴致廣階朴敬分權用
平自謂矯揉■衆激擾主論之目在所難免並嚴刑二次
遠惡地定配李長發等六囚並其餘諸罪人令道臣分輕

重酌處該府使金瀁秀性本劼勖刑多濫酷竟因處事之
乖當以致當■之激變合施重勘所犯贓錢令法務衙門
囚家僮一一徵捧下送該道分別充公還給該民事分付
道臣覈啓之不請廟堂稟處殊涉不審按覈使推考何如
傳曰允又啓曰兩湖匪類方自巡撫營調兵勦捕而遠近
士民必多聞風起義之人羅州牧使閔種烈礪山府使柳
濟寬湖南召募使加差下洪州牧使趙載觀鎭岑縣監李
世卿湖西召募使差下使之糾集義旅剋日掃蕩嶺南則
昌原府使李鍾緒前承旨鄭宜默亦差召募使一體備禦
事分付何如　傳曰允又啓曰卽伏見嶺南宣撫使李重
夏狀本啓下者則義興民擾狀頭李章鶴聚衆入邑燒毁

家舍曳出官長斥棄沙■首倡之罪渠旣自服似此亂類
合施梟警方移囚大邱鎭云矣亂魁李章鶴令該道臣大
會軍民梟首警衆後登聞事○以北伯啓本罪人閔致憲
到配事　傳曰放○嶺伯書目熊川縣監李守鳳以病親
歸護事受由上京已跨半年不得已罷黜事○忠淸道宣
撫使書目丹陽郡守宋秉弼招集儒生煽動村氓爲先罷
黜其罪狀令攸司稟處事○議政府僉知中樞院事趙羲
斌學務衙門主事金在夏遭故代前正李容善差下砥平
縣監孟英在因學務衙門牒報僉議李商在以大使隨員
已蒙起復　處分矣今本衙門事務殷繁仍今起復察職
事○錦伯書目淸安縣監洪鍾益東徒突入軍器見奪失

職之責在所難免爲先罷黜其罪狀令攸司稟處事○宗
伯府前判書吳俊泳今九月二十八日卒세　逝前僉判王庭
揚去正月十七日卒逝事○議政府啓曰兩湖匪類旣化
旋梗不可一向恩撫而止今方調兵剿討宣撫使鄭敬源
今姑減下事　　　三十日
謝恩左副承宣任澤鎬　貞陵令朴海聞軍務衙門協辦
白樂운倫度支衙門主事陸用轍統衛營領官趙國顯李明
憲壯衛營文案金增集泰川縣監李世愚柔院僉使秋敎
臣○下直昌原府使李鍾緖成川府使李秀萬

官　報　　開國五百三年九月三十日

藥房日次問安　答曰知道○議政府本府主事徐丙建
柳應斗病遞代幼學李益壽進士鄭駿時啓下又啓曰卽
伏見畿伯狀本啓下則安城郡匪魁聚黨奪去軍器及商
貨該郡守不卽赴任馴致匪徒之猖獗其罪狀令廟堂稟
處爲辭矣該倅旣帶京兵有何疑畏遲延不赴致此匪擾
極爲駭歎安城郡守成夏泳罷黜其代經理廳副領官洪
運燮差下使之除朝辭馳往代領其兵剋日剿捕事分付
道啓不請攸司稟處殊爲不審道臣推考何如　傳曰允
又啓曰巡撫營今方調兵分送軍餉不可不措辦令畿湖
道臣以沿路附近郡邑中量其便宜就某樣公穀公錢陸

續運送之所需多寡待該營知委接應各其道內守令
中別定運糧官使之星火擧行事一體三懸鈴行會何
如　傳曰允又啓曰卽伏見嶺伯狀本啓下則鎭海前
縣監鄭逵贊兩載居官一事貪汚犯贓爲九千六百二十
四兩一錢云矣該縣監鄭逵贊待勘處所犯贓錢令法
務衙門囚家僮徵出下送本道還給該民事分付何如
傳曰允○傳曰右副承宣許遞農商衙議趙寧九差下
○水原■守書目都憲尹瀗上疏上送事　答曰省疏
具悉所請依施○宮內府　景慕宮令(落點)李正烈安必
壽尹喜培○農商衙門主事李寅燮病遞代幼學宋星
會啓下○兩湖都巡撫營啓曰卽接經理廳謄報則以

爲領官兼安城郡守成夏泳牒報內本郡東徒魁首中兪
九西接主金學汝鎭川東徒金今用等三漢設機跟捕今
二十七日大會衆民爲先正刑事又啓曰從事官黃章淵
減下代前校理洪承運差下叅謀士朴永世起復從戎前
府使孫秉浩韓致益趙鎭泰前縣監朴明煥前僉正朴台
胤員外郎白完赫前守門將劉台鉉前司果李聖魯並帶
率軍官差下事　傳曰允○義禁司黃州牧使李輔仁拿
囚■啓目雲峯前縣監洪淳學寧海前府使金瀁秀照律
何如啓休　允○直蝟島僉使崔興植
十月初一日
謝恩右副承宣趙寧九　景慕宮令李正烈軍務衙門叅

議李奎大內務衙門主事兪鎭哲外務衙門主事梁柱謙
漢城府主事李重崙楊根郡守徐周輔慈仁縣監曹有承
公州營將鄭賢朝安山郡守安昱相郭山郡守韓啓錫高
山里僉使李鳳奎○下直臨陂縣令安志承○忠淸兵使
書目堤川縣監金建漢軍器見失爲先罷黜其罪狀令攸
司稟處事又書目軍官李容正等馳往淸州等地捕捉東
徒頭領李宗默洪順日壯士鄭弼壽等大會軍民並皆結
果傳首警衆事

官　報　開國五百三年十月初一日

傳曰今聞星州河東兩邑酷經匪擾星州則民家被燒爲六百餘戶河東則全域燒蕩云哀我無辜赤子橫罹賊害死者已極慘惻而生者亦無所依室屋田産盡爲瓦礫之■寒節漸迫何以聊生言念及此耿耿不能成寐也被災恤典自有常例而國帑枵然無以副博施之心特下內帑錢一萬兩令該道臣分給兩處以慰遺民其被燒身死者生前身還布並爲蕩減招徠奠接之方從長區劃另加顧助俾無流離凍餓之患事廟堂措辭分付○議政府啓曰近聞關東亦有匪類出沒云不可無要隘防守之節橫城縣監柳東根旣兼討捕使本府主事鄭駿時召募官差

下使之協力堵剿事分付何如　傳曰胤○海伯書目新溪縣令金思國半載曠官生弊多端不得已罷黜事○錦伯書目舒川郡守金麟洙身病罷黜事○議政府僉知中樞院事沈相璜○統衛營軍司馬閔貞植有頉代前主事李漢儀差下○軍務衙門摠禦營騎士將李基東改差代李寬植差下○工務衙門主事李夏榮改差代幼學金永基啓下○義禁司忠淸兵虞候白樂重令該道臣派員押上事又啓曰黃州牧使李輔仁照律寧海前府使金瀗秀照律罪杖一百收贖後告身盡行追奪高山縣流三千里定配雲峯前縣監洪淳學杖一百收贖公罪奉　敎依允洪淳學段功減一等

初二日

謝恩學務衙門主事李容善○宣傳官尹道成病父往護

後入來

官　報　　開國五百三年十月初二日

初一日議案一凡三港口之凋殘專由於挾雜輩之或稱
客主或稱監董或稱商法會議藉託官許互相爭佔之故
也從今以後一切權利之獘嚴加禁斷使之任便營業分
飭各口監理務保商民事一凡大小官員有犯於贓賄者
代囚家僮責納贓錢徒事延拖終無實效從今以後直囚
本人先推贓後論罪事○錦伯狀啓堤川縣監金建漢延
命巡營姑未還官而忠州東徒突入公廨奪取軍器該縣
監固當論罷而適値空官事出不意合有慈恕姑令戴罪
擧行事○淸梱狀啓堤川縣監金建漢罷黜事　判付內
堤川縣監金建漢時値延命躬不在官宜有慈恕姑令戴

罪擧行○議政府啓曰卽伏見畿伯狀本啓下則枚擧陰
竹縣監金鍾遠牒報匪徒周帀官舍軍器盡數奪去爲辭
矣該倅固當勘處而此時曠官極涉疎虞特令戴罪擧行
道啓之不爲請勘有欠事體該道臣推考何如　傳曰允
又啓曰卽伏見錦伯淸梱狀本啓下則淸安縣監洪鐘益
以軍器見失於匪徒事論勘矣固當如法罷拿而湖邑守
宰之勘處間曠務極涉疎虞特令戴罪擧行何如　傳曰
允○傳曰左承宣左副承宣許遞前叅判李承壽僉中樞
李載德差下○箕伯書目龍川府使權國鉉持印符逃避
杳無蹤跡爲先罷黜其罪狀令該衙門稟處事○錦伯書
目靑陽呈以右贊成李容元上疏上送事　答曰省疏具

悉此非如是冒瀆之時往事何必爲引卿其勿辭卽爲肅

命○宮內府 昭慶園守奉官(落點)李海明李秉觀梁柱勳

○議政府農商衙門叅議趙寧九移差代宮內府主事尹

甲炳陞三品差下○義禁司啓目粘連李輔仁照律罪杖

一百收贖告身盡行追奪奉 敎依 允功減一等

初三日

謝恩工務衙門主事金永基○下直郭山郡守韓啓錫造

山萬戶趙基高去三十日下直羣山僉使崔建壽

官　報　　開國五百三年十月初三日

昨日兩湖都巡撫營啓曰別軍官李圭泰先鋒差下率領
統衛營兵丁明日爲先發向於淸州公州等路中軍率大
隊軍兵繼後進發事○議政府舒川郡守柳冀南新溪縣
令沈聖澤熊川縣監元稷安峽縣監丁大█同知中樞院
事白性基僉知中樞院事任澤鎬○謝恩行左承宣李承
壽○前禁府都事李元玉上疏大槩敢陳蒭蕘之說冀蒙
採納之　恩事○前委員南萬柱上疏大槩敢陳蒭蕘之
說冀蒙採納之　恩事○錦伯書目木川呈以前承旨申
箕善上疏上送事　答曰省疏具悉卿言是矣○經理廳
軍司馬徐相允改差代金基龍差下○傳曰右承宣馳詣

宗廟　永寧殿奉審摘奸以來○軍務衙門南營文案郭
鎭坤改差代安忠植摠禦別將李鳳鎬改差代柳完秀哨
官韓啓錫改差代李完鎬差下○錦伯書目文義縣令洪
亮燮擧措駭妄情跡可疑爲先罷黜其罪狀令攸司稟處
事

初四日

謝恩　昭寧園守奉官李海明農商衙門叅議尹甲炳主
事宋星會學務衙門叅議李商在統衛營軍司馬李漢儀
領官李奎聖○下直春川█守任商準泰川縣監李世愚
公州營將鄭賢朝高山里僉使李鳳奎

官 報 開國五百三年十月初四日

議政府文義縣令趙庸夏都憲(落點)金學洙尹相衍南肅熙
○前承旨申箕善疏批還入往事何必爲引卿其勿辭卽
爲肅命改書下○錦伯書目保寧縣監趙秉周歸家養間
政出吏手罷黜事又書目永同縣監吳衡根軍器見失爲
先罷黜其罪狀令攸司稟處事○兩湖都巡撫營啓曰水
原匪魁金鼐鉉安承寬當日曉頭南筏院並梟首警衆事
又啓曰權鍾奭李龜榮李承郁鄭道永黃昇億並㩦謀官
差下柳錫用李達榮宋欽國許岏李弼榮李在華朴晶煥
並別軍官差下送赴先鋒陣李承郁起復從戎事○工務
衙門啓曰卽伏見嶺伯狀本啓下則長水察訪劉漢翼務

在字恤邑驛惜去仍任一█請令該衙門稟處矣依狀請
特爲仍任何如 傳曰允○義禁司龍川府使權國鉉令
該道臣派員押上事○傳曰聞法務衙門協辦金鶴羽昨
夕見害於盜云輦轂之下朝紳之無端被戕近古所無之
變怪亟令警務廳刻期詗察拿獲凶身快施典刑以絶亂
萌○議政府啓曰法務協辦金鶴羽去夜爲何許無賴█
所害云輦轂之下朝紳之無故被戕近古未有之變也亟
今警務廳刻期詗察拿獲凶犯諸漢快施當律何如 傳
曰允纔有傳教矣自廟堂亦爲另飭斯速拿獲正律○外
務衙門啓曰釜山港書記官鄭顯哲除拜屢月尙今曠職
免職其代仁川港書記官朴夏成差下事○內醫院啓曰

本院事務叢萎不可無專幹之人太醫金興圭尹豊楨李

禹善玄東完並摠務主事差下事 傳曰允

初五日

謝恩左副承宣李載德農商衙門主事金萬興金俊相經

理廳軍司馬金基龍安峽縣監丁大█○下直成歡察訪

尹瀅錫

官　報　　開國五百三年十月初五日

藥房日次問安 答曰知道○巡撫營草記中叅謀官李
承郁名字以承旭改付標○議政府啓曰卽伏見錦伯狀
本啓下則淸安縣監洪鍾益永同縣監吳衡根以軍器見
失事啓罷而民情惜去並姑令戴罪擧行事令廟堂稟處
爲辭矣旣罷旋仍雖涉屑越此時不可無權宜之政淸安
縣監前已稟覆永同縣監亦依狀請施行何如 傳曰允
○傳曰都承宣右承宣許遞同知中樞院事金思轍外務
叅議李夏榮差下○謝恩右承宣李載德○議政府因外
務衙門牒報本衙門主事玄映運奏差數朔尙不出肅依
議案啓下譴罷其代前主事申載永差下○宮內府主事

尹甲炳遷轉代中樞院員外郞李準榮差下○外務衙門
仁川港書記官朴夏成移差代前書記官鄭載錫還差下
○統衛營西道叅軍鄭浩鎔改差代李昌輝差下○畿伯
書目陽川縣令林時益積城縣監李明宇除拜四朔尙不
赴任並罷黜事
初六日
謝恩摠禦營騎士將李寬植別將柳完秀都憲金學洙舒
川郡守柳冀南新溪縣令沈聖澤

官　報　　開國五百三年十月初六日

謝恩左副承宣趙寧九〇議政府同知中樞院事金宗圭

鄭寅昇僉知中樞院事朴暾陽又啓曰洪牧移拜完伯

今已多日矣聞此州處在湖沿衝要而該倅備豫有方匪

類不敢入境附近七八邑倚以爲重耆紳士民踵至願借

誠有臨陣易將之歎前洪州牧使李勝宇特爲仍任全羅

監司之代以工務協辦李道宰差下使之除朝辭自鄉第

■夜赴任密符以前監司所佩仍授　敎諭書令承宣院

成出安寶定禁軍騎撥下送何如　傳曰允〇兩湖都巡

撫營僉知中樞院事李敎奭前副護軍具達祖軍務叅議

具周鉉前兵使李璿載前營將趙羲聞出申身鎔均前監23

察崔日煥並別軍官差下崔日煥使赴先鋒陣事又啓

日出陣領官竹山府使李斗璜行到龍仁縣搜捕東徒二

十名渠魁李用益鄭龍全李周英李三俊等陽智縣梟首

警衆其餘十六名並嚴飭放送事〇摠禦營軍司馬徐相

勛改差代侍講洪顯哲差下〇初二日巡撫營草記中率

領統衛營兵丁明日發向事以率領敎導所兵丁統衛營

兵丁爲先發向事改付標

初七日

觀象局今初六日自人定至五更下雨測雨器水深五分

〇謝恩內醫主事玄東完金興圭尹豐楨　宮內府主事

李準榮白峙僉使李敬學右副承宣李夏榮

官　報　　開國五百三年十月初七日

議政府啓曰洪州牧使李勝宇旣仍任矣依丙寅延安府

使例招討使差下湖沿各邑堵剿事宜使之節制何如

傳曰允又啓曰卽見箕伯電報庶尹病難察職云此地應

接委屬可悶平壤庶尹李遇永改差卽爲差代不日下送

何如　傳曰允○議政府陽川縣令洪哲普積城縣監李

敏奎保寧縣監李敎哲○謝恩行都承宣金思轍摠禦營

軍司馬洪顯哲○錦伯書目恩津縣監權鍾憶蒼卒所遭

雖無所失此時曠官暫刻爲悶不得已罷黜事○初六日

義禁司鄭雲鶴閔泳雲閔泳壽自現就囚○軍務衙門沁

營文案趙庸夏外任代姜文會差下

初八日

謝恩內醫主事李禹善○下直舒川郡守柳冀南吾乂卜浦

僉使李元載白崎僉使李敬學

官　報　　開國五百三年十月初八日

傳曰右承宣許遞僉中樞李載現差下○議政府啓曰卽
見錦伯狀本膽報枚擧恩津縣監權鍾億所遭而罷黜其
代令廟堂擇差給馬下送爲辭矣匪類猖獗愈往愈甚至
有命吏縛去之變國網蔑如痛惋極矣另飭兩湖道帥臣
刻期剿討恩津縣監之代以僉知中樞院事趙秉聖差下
使之當日下直給馬下送何如　傳曰允又啓曰關西關
北先後運襦紙衣卽烽戌將卒禦寒之具而自京製頒爲
其該處綿貴而然也今則土産旣廣商貨亦通依辛未己
行之例並以該道京上納中代錢酌定分送各邑而按撫
營平安兵營亦爲主管俾祛遠輸晩時之弊事分付兩道

道帥臣何如　傳曰允○軍務衙門統衛營兵房尹泳奎
改差代(落點)許璥徐丙勳李啓興○謝恩右副承宣趙寧九
○工務衙門幽谷察訪柳完根瓜滿代徐恆輔啓下○兩
湖都巡撫營啓曰前副正字李圭白僉謀士差下使赴先
鋒陣而起復從戎事　傳曰允○內務衙門金浦郡守李
道承親病改差○議政府平壤庶尹徐丙壽始興縣令朴
準鎔○軍務衙門明月萬戶康奉儀罷黜代金臣九摠禦
營哨官鄭祉永改差代梁景煥啓下○宮內府　孝陵參
奉(落點)任駒鎬朴用厚趙昶夏　永禧殿令(落點)趙梃崔文煥
李錫徠宗伯府主事安志承遷轉代前主事徐丙建差下
營線司主事未差代前司果林百洙差下○義禁司平安

中軍李希█就囚○傳曰左副承宣許遞義州府尹李根
命差下○承宣院啓曰新除授承宣李根命資是嘉義行
都承宣金思轍乃是嘉善座次有違格例何以爲之事
傳曰新除授承宣許遞○議政府同知中樞院事趙載觀
初九日
謝恩右承宣李載現農商衙門主事洪承胤統衛營兵房
許璥熊川縣監元稷○下直楊根郡守徐周輔慈仁縣監
曹有承安峽縣監丁大█○學務衙門協辦鄭敬源上疏
大槩敢陳自劾之章乞被當勘之律事

官　報　　開國五百三年十月初九日

議政府啓曰即伏見錦伯狀本啓下則公州營將李基東
特爲仍任事令廟堂稟處爲辭矣該營將竭誠防守軍民
惜去特爲仍任以責終始之效道啓不請該衙門稟處殊
爲不審該道臣推考何如　傳曰允又啓曰即伏見沁█
狀本啓下則沁營砲糧錢米木中前武衛所移劃水蔘包
蔘稅錢十五萬三千八百兩東萊木十同二疋統衛營前
海防衙門移劃米九千八百五十五石經理廳移劃茂朱
木十五同一疋並還屬本營事令廟堂稟處爲辭矣該營
以保障重地設兵駐防常時餼料尚患不足兼以新設學
徒與海軍支放浩繁其在固圉之道不可無補廩之資原

係砲糧條錢米本之移劃各營者並依狀請還屬以爲接
濟之地何如　傳曰允又啓曰即見錦伯狀啓膽報兵營
領官廉道希領率兵丁八十名分巡連山鎭岑回到公州
大田地突遇匪徒萬餘名被擒燒殺云矣該領官之跨朔
行巡已多辛苦而竟至遇賊致命聞極驚慘死於王事合
有襃　贈更核其實狀而亟施之兵丁之戰亡者令該營
設壇致酹收瘞撫恤等典公錢中優厚題給生前身還布
並行蠲蕩至於匪類恣意猖獗愈往愈甚膽敢戕害官軍
天討不容少緩京營及該營兵丁左右並力剋日勦滅事
嚴飭該道道帥臣何如　傳曰允○傳曰承宣有闕之代
淸州牧使申一永差下○錦伯書目德山郡守金炳琓擅

離官守軍器見失扶餘縣監沈宜薰老病支離連呈辭狀
並罷黜事○完伯書目軍器見失之樂安郡守張敎駿沃
溝縣監金疇鎬咸悅縣監宋胃憲罪狀並令攸司稟處事
○前掌令崔秉鎭上疏大槩敢陳憂愛之忱冀蒙採納之
恩事○承宣院啓曰新差下右副承宣申一永時在任所上
來下諭事　傳曰許遞○軍務衙門古今島僉使玄殷禎
改差代金俊植啓下獨仇味僉使孟繼善改差代金元鎬
啓下於蘭萬戶太碩勳改差代申壽益啓下三千浦權管
金敬鉉改差代李文煥啓下文城僉使有闕代李昇均啓
下○箕伯書目郭山前郡守韓致兪本郡印符及兼邑兵
符無難賫持遞然逃避不可已己遞而勿論其罪狀令該

衙門稟處事○義禁司平安中軍李希■照律何如啓依
允○議政府同知中樞院事李根命尹泳奎僉知中樞院
事李載德李夏榮
初十日
謝恩外務衙門主事申載永陽川縣令洪哲普保寧縣監
李敎哲平壤庶尹徐丙壽文義縣令趙庸夏○恩津縣監
趙秉聖謝恩後仍爲下直○下直安山郡守安昱相

官　報　　開國五百三年十月初十日

藥房日次問 安 答曰知道 王大妃殿氣候一樣

中宮殿氣候安順卿等不必入侍矣○謝恩右副承宣趙

寧九○傳曰承宣有闕之代前副護軍蔡奎駿差下○傳

曰當該承宣推考○議政府義州府尹趙載觀淸州牧使

任澤鎬金浦郡守趙復永德山郡守曹斗煥扶餘縣監趙

性奭○宮內府 泰陵令(落點)朴容泰柳興弼曹龍承

顯陵叅奉(落點)李圭桓尹泰吉沈軒慶○議政府軍務衙門

主事鄭文永改差代前主事安寧洙差下○軍務衙門主

事鄭喆基改差代幼學李吉煥啓下○內務衙門淳昌郡

守李聖烈身病改差○宮內府尙衣主事朴容泰遷轉代

惠陵叅奉具喆祖差下○統衛營軍司馬金鎭達改差代

弼善李著宰差下○義禁司照目粘連平安中軍李希■

照律罪杖一百收贖奉 敎依 允功減一等○議政府

僉知中樞院事申一永

十一日

謝恩宗伯府主事徐丙建○全羅監司李道宰上疏大槩

舊罪未勘新 命滋悚敢陳披瀝之懇冀蒙鐫斥之 恩

事○說書李重五上疏大槩敢陳切迫之私冀蒙 恩諒

事

官　報　　開國五百三年十月十一日

議政府啓曰卽者瑞山郡禮吏負奉　殿牌而來確聞該
邑匪類作變郡守朴鋌基遇害公廨盡爲燒燼云賊勢猖
獗戕殺長吏己極痛駭至於　殿牌之移奉萬萬驚悚
殿牌令內務衙門姑爲權奉安城前郡守成夏泳向日論
罪之後連次剿匪頗事著效特爲分揀瑞山郡守差下使
之便道卽赴所帶京兵仍爲分領不日剿除事令巡撫營
三懸鈴知委該郡守愍恤之典待道啓更爲稟處何如
傳曰允○東伯書目匪魁李相奎今月初六日大會軍民梟
首警衆事○答全羅監司李道宰疏曰省疏具悉此時此任
豈可言私卿其勿辭卽爲到界○答學務協辦鄭敬源疏

曰省疏具悉不必爲引卽爲肅命○傳曰左承宣許遞宮
內府僉議李載崑差下○答說書李重五疏曰省疏具悉
爾其勿辭往護○軍務衙門啓曰北營哨官金中憲丁三
俊旣己陞三品其代尹錫麟姜尙殷沁營哨官金義淳有
頉代姜欽啓下○又啓曰卽接南兵使李容翊牒報則
今於都試革罷後出身一路更無所望左別全成河最優
以柔遠僉使調用慰悅軍心爲辭矣依所請施行事○義
禁司軍器見失木川縣監李秀永令該道臣派員押上事
○宮內府本府僉議有闕代僉知中樞院事金商悳差下
○義禁司啓目昌平縣令鄭雲鶴高山縣監閔泳雲靈光郡
守閔泳壽並照律何如啓依允○淸梱書目沃川郡守金東

敏軍器失守極爲可駭爲先罷黜其罪狀令攸司稟處事

十二日

謝恩議政府主事李益壽淸州牧使任澤鎬義州府尹趙
載觀扶餘縣監趙性奭仁川港書記官鄭載錫文城僉使
李晃均○下直新溪縣令沈聖澤陽川縣令洪哲普○副
學士金春熙上疏大槩敢陳實病難强之狀冀蒙見職亟
遞之 恩事○錦伯書目沔川郡守趙重夏素性浮燥行
己醜鄙爲先罷黜事

官　報　　開國五百三年十月十二日

傳曰一自匪徒之猖獗屢諭不悛至有戕害命吏之變寧
不痛惋輿帥剿除所不可己哀彼無辜之民經亂流離顚
連靡定當此秋成無以爲生慰撫之道不容少緩忠清道
慰撫使以知中樞院事朴齊寬差下全羅道慰撫使以全
羅監司李道宰兼差慶尙道慰撫使以宣撫使李重夏移
差躬行列郡面面曉諭俾各安堵以體予爲民之至意事
令廟堂三懸鈴措辭行會○議政府草記中瑞山郡　殿
牌令內務衙門姑爲權奉以姑爲權奉于畿營客舍改付
標○議政府因錦伯牒報公州中軍南惟熙改差代前司
果任基準自辟陞差○宮內府　惠陵叅奉(落點)徐丙炎趙

宗夏尹祉學○答副學士金春熙疏曰省疏具悉所請依
施○義禁司平安兵虞候金信默潭陽府使尹濟翼珍島
府使李熙昇就囚又照目閔泳壽杖一百收贖告身盡行
追奪閔泳雲杖六十收贖追奪告身一等鄭雲鶴杖一百
收贖奉敎依允鄭雲鶴叚功減一等○議政府同知中樞
院事李承壽○始興縣令朴準鎔名字以準承改付標○
昨日謝恩文城僉使李昇均　　十三日
謝恩法務衙門主事李命倫營繕司主事任百洙獨仇味
僉使金元鎬○下直熊川縣監元稷保寧縣監李敎哲文
義縣令趙庸夏平壤庶尹徐丙壽○錦伯書目結城縣監
朴基鵬兵符見奪有難仍置爲先罷黜令攸司稟處

官　報　　開國五百三年十月十三日

王若曰向緣國家多難匪徒乘時竊發予不忍元元之無
辜被兵屢加撫諭而終不知悛猖獗日甚至於戕吏害民
殘破州縣朝野共憤咸曰不討不可以懲惡爰命興帥前
往所在芟除誅其渠魁釋其脅從蓋欲以生道殺人豈可
獲己乎雖然近聞匪類勒驅良民盡入於黨棄家失業呼
號而不願從者十居其九生者橫罹鋒鏑身膏原野存者
流離蕩析不免凍餒念之及此丙枕靡安此時撫綏懷輯
之方不容少緩咨爾三南慰撫使往代予言宣布德意沿
路被害之方躬行巡問勞徠安集道內各邑爲獎之端詳
加採訪一一登聞苟可以利益吾民者宜無不從前日污

染之俗咸與維新俾我赤子如脫虎口而入父母之也
故茲敎示想宜知悉〇傳曰右副承宣許遞朔州府使申
甲均差下〇內務衙門鎭川縣監安鼎壽身病改差〇謝
恩軍務衙門主事安寧洙〇傳曰右承宣許遞宣川府使
鄭雲景差下〇謝恩右承宣趙寧九〇宗伯府啓曰忠淸
兵營戰亡之領官褒贈兵丁之戰亡者令該營設壇致酹
事　允下矣別廣祭香祝照例磨鍊下送城隍發告祭依
例前期三日先行祭品依常時廣祭例設行事分付何如
傳曰允〇嶺伯書目宜寧縣監金甲秀身病呈狀罷黜又
書目尙州前牧使尹泰元不由營門賫送印符體統乖損
不可以己遞勿論罪狀令攸司稟處又書目丹城縣監張

憙根匪類之供饋延逢登諸報辭認若當行萬萬駭然爲
先罷黜其罪狀令攸司稟處○議政府啓曰卽伏見永川
按覈使李重夏狀本啓下臚列諸犯首從以待處分而該
邑民擾其源有三一結賦過重一官政貪婪一明禮宮狀
稅也令廟堂稟處爲辭矣今此永民之起擾始聞新令之
蠲役妄疑官吏之掩匿樂禍之徒接踵而聚燒毀人家攔
入官衙至有舁棄之變犯分干紀自底罔赦鄭容采本以
亂類一邑皆曰可殺今又首倡萬戮猶輕方在逃躱飭令
刻期과跟捕卽施一律鄭基碩雖曰次狀頭聚黨作變與首
倡二而一也李承然稱以推錢乘勢倡亂奪衣逼辱上項
兩犯渠皆自服令道臣大會軍民梟首警衆朴東業懷憾

乘亂至犯內衙合施次律嚴刑三次遠惡島限己身定配
李正用梁成振鄭作之同惡相濟指證莫掩並嚴刑二次
絶島定配其餘諸囚使之分輕重酌處前郡守洪用觀屢
典之餘忍行割剝久積闔境之怨竟遭無前之變合施重
勘贓錢夥數令法務衙門徵捧結狀滋獘實爲民隱當此
經擾之後宜施益下之政結戶之減歛宮狀之還給並依
覈啓施行何如 傳曰允又啓曰卽見錦伯狀啓謄報枚
擧泰安營邸吏來告收刷次下往本邑今月初一日東徒
數千名放砲突入█捉府使及宗府派員曳置█坌亂加
銃槍仍爲遇害云矣匪類去益跳踉戕殺命吏之變在在
有之曷勝痛惡另飭道帥臣刻期剿殄該府使與派員愍

恤之典令道臣詳探事實登聞後稟處泰安府使之代以
同知中樞院事李熙重差下使之當日下直給馬下送何
如 傳曰允又啓曰朔州府使申甲均內移矣邊界重地
不容暫曠前僉使韓義錫差下使之當日下直給馬下送
何如 傳曰○巡撫營啓曰立廛市民等葉錢二千兩
白木廛市民等葉錢二千兩紙廛市民等葉錢一千兩布
廛市民等葉錢四百兩苧布廛市民等葉錢五百兩來納
臣營願助軍需故捧上事答曰知道○議政府淳昌郡守
朴用元沔川郡守朴始淳龍仁縣令金淳秉○統虞候書
目統制使閔泳玉去月二十六日遭母喪○義禁司啓曰
潭陽府使尹濟翼平安兵虞候金信默珍島前府使李熙

昇並照律何如啓依 允○議政府同知中樞院事金春
熙
十四日
謝恩軍務衙門主事李吉煥學務衙門協辦鄭敬源統衛
營軍司馬李著宰 泰陵令朴容泰○下直文城僉使李
昇均

官 報 開國五百三年十月十四日

傳曰近聞悖類出沒京鄉或稱密旨或稱分付煽動匪類
聽聞駭然雖有朝官行止殊常者一一拿獲嚴查登聞以
解衆惑俾絶亂萌事廟堂三懸鈴關飭各該道帥臣○謝
恩左承宣李載現○承宣院啓曰新差下左副承宣申甲
均時在任所上來下諭事 傳曰許遞農商衆議姜友馨
差下又啓曰新差下右副承宣鄭雲景時在任所上來下
諭事 傳曰許遞泰仁縣監洪晃周差下左副承宣姜友
馨○議政府啓曰宣川府使鄭雲景內移矣西邊直路不
容暫曠其代同知中樞院事權濚鎭差下時在本道使之
除朝辭卽爲赴任密符前府使所佩仍授 諭書令承宣

院安寶定禁軍騎撥下送何如 傳曰允○淸梱書目軍
器見失之永春縣監朴用鎭唐津縣監尹寅善爲先罷黜
其罪狀令攸司稟處○議政府結城縣監李秀敦木川縣
監閔景勳鎭川縣監尹明선○承宣院啓曰新差下右副
承宣洪晃周時在任所上來下諭事 傳曰許遞前副護
軍洪埰差下○傳曰右承宣許遞內務衆議兪鎭贊差下
右承宣姜友馨左副承宣洪埰右副承宣兪鎭贊○內務
衙門价川郡守閔峻植親病改差○義禁司照目粘連金
信默尹濟翼李熙昇照律罪杖一百收贖奉 教依 允
功減一等○軍務衙門柔遠僉使崔基萬改差代全成河
南桃浦萬戶李鎬有改差代金甲秀蟾津別將金泰鍾改

差代宋儀燇啓下○議政府僉知中樞院事李載崐蔡奎

駿○政府草記中同知中樞院事李熙重以前同知中樞

府事正誤

十五日

謝恩 顯陵叅奉李圭桓稷山縣監金建洙汭川郡守朴

始淳○下直淸州牧使任澤鎬扶餘縣監趙性㸁柔院僉

使秋敎臣

官　報　　開國五百三年十月十五日

藥房日次問 安 答曰知道 王大妃殿氣候一樣

中宮殿氣候安順卿等不必入侍矣○議政府內務衙門

僉議兪鎭贊移拜代中樞院員外郎李範仁陞三品差下

○錦伯書目海美縣監沈宜肅旣失軍器繼呈辭狀罷黜

事○議政府啓曰每於 幸行時畿內諸邑有結所進排

者掖屬京隷之科外誅求到處生獘其害也終歸於民則

此不可不務究方便以爲民邑維持之道自今爲始凡所

策應之費令京各該司進排結所一疑永爲勿施以示朝

家優恤之意何如 傳曰允○傳曰左副承宣許遞同知

中樞院事申箕善差下左承宣申箕善右承宣李載現左

部承宣姜友馨○謝恩右承宣李載現○議政府僉知中

樞院事趙寧九鄭雲景洪晃周申甲均

十六日

謝恩右副承宣兪鎭贊 惠陵僉奉徐丙炎 宮內府僉

議金商懿始興縣令朴準承木川縣監閔景勳鎭川縣監

尹明善○泰安府使李熙重朔州府使韓義錫謝恩後仍

爲下直○下直義州府尹趙載觀獨仇味僉使金元鎬

官　報　　開國五百三年十月十六日

議政府啓曰右贊成李容元陳疏承　批己爲多日謂有

情踪難安來在城外尙不承膺揆以道理萬萬未安令承

宣院牌招嚴飭肅命何如　傳曰允○議政府本府主事

尹明善外任代前叅奉李載亮差下李周源在外代進士

李明翔啓下外務衙門叅議李夏榮移拜代僉知中樞院

事李聖烈差下農商衙門叅議姜友馨移代本衙門主

事孫鵬九陞三品差下价川郡守柳錫煥海美縣監李鎰

泰仁縣監朴羲成宜寧縣監朴齊敬丹城縣監尹泰駬○

軍務衙門摠禦營千摠麻斗元改差代李晢鎬差下○巡

撫營啓曰卽見出陣領官竹山府使李斗璜牒報則匪類

接主禹成七朴萬業朴奉學李敦化等並結果連見出陣

領官安城郡守洪運燮牒報則匪徒接主朴秉億閔永勳

任尙玉大會衆民並梟首於通衢事○承宣院啓曰新差

下行左承宣申箕善在外上來下諭事　傳曰允○義禁

司均田使金昌錫洪州牧定配而以其母年七十八無兄

弟獨身依律文收贖放送事○軍務衙門明月萬戶金臣

九罷黜代邵行錫啓下○義禁司龍川府使權國鉉就囚

○議政府僉知中樞院事洪埰

十七日

謝恩內務衙門叅議李範仁龍仁縣令金淳秉積城縣監

李敏奎

官 報 　　開國五百三年十月十七日

巡撫營啓曰綿束綿廛市民等葉錢四百兩內魚物廛市民
等葉錢二百兩外魚物廛市民等葉錢二百兩靑布廛市
民等葉錢三百兩前府使趙鎭泰葉錢五百兩前郡守千
一成葉錢二千兩前司果李聖魯葉錢二百兩來納臣營
願助軍需故捧上事 答曰知道○統衛營左二小隊隊
官金敎成改差代前司果權鍾祿差下○淸梱書目軍器
見失之結城縣監朴基鵬報恩郡守李奎白並罷黜其罪
狀令攸司稟處○議政府內務衙門主事尹泰馹外任代
前叅奉朴鼎熙差下○農商衙門主事孫鵬九陞叅議代
出身崔浩植鄭元燮改差代幼學趙秉憲並啓下

十八日
謝恩農商衙門叅議孫鵬九价川郡守柳錫煥○下直始
興縣令朴準承沔川郡守朴始淳積城縣監李敏奎鎭川
縣監尹明善

官　報　　開國五百三年十月十八日

議政府啓曰連見錦伯前後狀啓謄報則備陳備禦沒策

之狀請令巡撫先鋒陣速爲下來壯衛經理兩營領官之

在淸州等地者亦卽來援爲辭矣該營處在要衝防堵不

容疎忽令巡撫營星火知委剋日赴援何如　傳曰允○

宗伯府來十一月初四日行　景慕宮冬享大祭　親行時

省牲省器之節依例以　親臨磨鍊事　傳曰親臨磨鍊

○宮內府　社稷令(落點)李在浩具懿祖鄭機好(落點)洪祐澤

鄭志喆李世永○議政府因軍務衙門牒報宣傳官權鳳

圭改差代前水使申從均差下○承宣院啓曰道臣如非

拿問與削黜則凡狀啓不得以假都事替行而前全羅監

司金鶴鎭謂以今又失械轉益惶蹙雖有事之際不得視

務事體所在極爲未安狀啓三度內一度係是民事雖不

得不捧入而二度假都事替行與守令到任狀啓卽爲還

下送使之改修正上送而該道臣不可無警從重推考何

如　傳曰允○軍務衙門摠禦兵房李啓興改差代(落點)徐

丙勳趙存禹鄭騏澤○以司謁口傳　下敎曰湖西慰撫

使朴齊寬特派多日尙不登程豈有如許事體其發行日

字卽爲知入○義禁司金溝縣令金命洙盈德縣監張華

植永川郡守洪用觀並就囚○以張華植囚單子　傳曰

飭己施矣分揀放送○義禁司啓目權國鉉照律何如啓

依　允\

十九日

謝恩 社稷令李在浩議政府主事李明翔內務衙門主
事朴鼎熙農商衙門主事崔浩植統衛營隊官權鍾祿海
美縣監李鎰朔寧郡守柳台衡丹城縣監尹泰馹〇下直
木川縣監閔景勳稷山縣監金建洙龍仁縣令金淳秉〇
右贊成李容元上疏大槪申控危蹙之私乞被誅罰事

官　報　　開國五百三年十月十九日

藥房日次問　安　答曰知道　王大妃殿氣候一樣

中宮殿氣候安順卿等不必入侍矣○答右贊成李容元

疏曰省疏具悉卿之無他予已洞悉又此煩瀆徒惱酬應

卿其勿辭卽爲肅命○傳曰右贊成李容元疏批己下此

時連瀆是何分義令承宣院嚴飭牌招如有違牌勿爲呼

望○華█書目今月初二日匪魁金元八大會軍民梟首

警衆事○宮內府　永禧殿令李鶴林○宗伯府　景慕宮

冬享大祭　親臨省牲省器時　王世子陪祭之節依例

磨鍊事　傳曰依例磨鍊○義禁司照目粘連權國鉉杖

一百贖告身盡行追奪奉　敎依　允功減一等又啓

目金命洙洪用觀並照律何如啓依　允

二十日

世子嬪宮生辰問　安　答曰知道○謝恩宣傳官申從

均摠禦營兵房徐丙勳千摠李晢鎬統衛營領官具然恆

金浦郡守復永右贊成李容元○下直价川郡守柳錫

煥

官　報　　開國五百三年十月二十日

議政府啓曰卽聞廣州人民以還樊矯正事羣聚煩令訴輾
轉層激傳說可■近日民習之無嚴胡至於此極庸痛駭
雖以該守臣言之不能先事彈壓致此滋擾誠爲慨然廣
州■守洪淳馨施以譴罷之典其代以右贊成李容元差
下不日下送使之另查嚴懲後報來何如　傳曰允○淸
梱書目懷德縣監李珪瑞備禦失時誠甚駭甚忽爲先罷黜
其罪狀令攸司稟處事○軍務衙門摠禦別將李鎰外任
代僉知中樞院事尹始炳差下大興僉使金鎭泰改差代
崔益贊龍媒僉使田斗奎改差代趙㻋恆本衙門主事金
學淵改差代金敎演鎭禦營領官具漢祚改差代李圭玄

並啓下○錦伯書目上疏上送事答曰省疏具悉卿其勿
辭○報聘大使義和君入來○巡撫營啓曰卽見先鋒將
馳報自稷山邑牛一隻酒四盆來納陣前故一一分饋云
事又啓曰雲峯幼學白樂中前注書朴鳳陽當南原匪徒
侵犯該郡時招集鄉丁效力設砲數次擊退極爲嘉尙白
樂中召募官差下朴鳳陽粲謀官差下使之終始效勞何
如　傳曰允又啓曰卽見出陣領官竹山府使李斗璜牒
報以爲鎭南營將卒在前壯衛營將卒在中經理廳將卒
在後同爲發向報恩帳內捉得該郡匪類接主李泰友其
中有名色之趙汗吉文學萬崔一奉李元中姜同會李喜
榮趙汗石金海京安性敏姓名不知三漢靑山匪類省察

金基煥利川匪類徐水榮趙仁伊元石萬金石在安城匪
類朴公先陰城匪類接主宋秉權等二十漢並結果連接
召募官砥平縣監孟英在牒報竹山匪魁朴性益接司崔
齊入李春五張大成等四漢並梟首云事又啓曰幼學吳
學秀叅謀官差下壯衛營領官南萬里前五衛將金振玉
前監察劉漢世前司果李興敎幼學任炯準林炳孝李健
源田錫圭姜元魯李昌■千希天吳仁庚並別軍官差下
使之分赴各陣事○傳曰右承宣左副承宣右副承宣許
遞外務叅議李聖烈僉中樞鄭寅奭李敬夏差下右承宣
李聖烈左副承宣鄭寅奭右副承宣李敬夏○議政府同
知中樞院事閔俊鎬

二十一日
謝恩農商衙門主事金炳日結城縣監李秀敦淳昌郡守
朴用元○下直朔寧郡守柳台衡

官　報　　開國五百三年十月二十一日

宗伯府來十二月二十九日行　宗廟臘享大祭香祝

親傳取稟奉敎敬依行　社稷臘享大祭香祝　親傳取

稟奉敎敬依行　景慕宮臘享大祭香祝　親傳取稟奉

敎恭依○謝恩右副承宣李敬夏○昨日政府草記中廣

■李容元不日下送以當日下直改付標○錦伯書目禮

山縣監李健陰城縣監尹泌俱失軍繼呈病狀並罷黜

事○議政府僉知中樞院事李載現姜友馨兪鎭贊

二十二日

謝恩農商衙門主事趙秉憲摠禦營別將尹始炳○廣州

■守李容元謝恩後仍爲下直○下直海美縣監李鎰

官　報　　開國五百三年十月二十二日

議政府啓曰卽見錦伯狀啓謄報泰安前府使申百熙瑞
山前郡守朴錠基宗府派員金慶濟愍恤之典今廟堂稟
處爲辭矣搶攘之中遽至捐軀殊深慘惻而死事之狀尙
未明白令道臣詳查更爲登聞後稟處其返輤時沿路擔
軍題給加意護喪之意分付兩道道臣何如　傳曰允又
啓曰嶺南關東匪擾尙不止熄居昌府使丁觀燮江陵府
使李會源並召募使差下使之防堵何如　傳曰允○巡
撫營叅謀官朴鳳陽起復從戎事○義禁司扶安縣監李
喆和光州前牧使閔■鎬並自現就囚又照目粘連金溝
縣令金命洙照律罪杖一百收贖公罪奉敎依　允功議

各減一等○議政府禮山縣監南宮濮陰城縣監丁大緯
○內務衙門主事金慶濟有闕代幼學嚴柱沆啓下南平縣
監李熙夏身病改差○巡撫營幼學韓用翼叅謀官差下
使之前往召募官孟英在處以爲同辦事務事○義禁司
報恩郡守李圭百結城縣監朴基鵬並令該道臣派員押
上事○軍務衙門忠淸兵營領官廉道希有闕代李容正
隊官李鍾九有闕金觀洪差下
二十三日
謝恩左副承鄭寅奭○下直金浦郡守趙復永結城縣
監李秀敦

官　報　　開國五百三年十月二十三日

前護軍朴熙甲上疏大槩敢陳愚衷之忱冀蒙採納之

恩事○錦伯書目兵使李長會持論岐貳軍行逶迤爲先

罷黜其罪狀令攸司稟處事又書目燕岐縣監金光鉉告

暇不還竟失軍器爲先罷黜其罪狀令攸司稟處事○東

伯書目平海郡守黃哲淵下批四朔尙未赴任罷黜事

　　二十四日

謝恩社稷令洪祐澤軍務衙門主事金敎演

官　報　　開國五百三年十月二十四日

諭洪州牧使兼招討使李勝宇書曰一自匪徒倡亂湖嶺
之間妖氛四布城邑閭落在在殘破未聞有一人能捍禦
者惟爾洪州牧使兼招討使李勝宇處寇賊之衝能以衆
心爲城率厲吏民屢推狂鋒使湖左右數十二依之若長
成厥功茂著予甚嘉之自今事平之前道內各鎭邑兵不
待符信相機徵發約束大小吏民其有用命不用命者量
行賞罰如有功能可以收用於軍前者承制授官追後登
聞所管軍務並以便宜從事茲特授以諭書斧鉞爾其祗
領勿孤予委寄之意○傳曰右承宣許遞僉中樞李采淵
差下右承宣鄭寅奭左副承宣李敬夏右副承宣李采淵

○議政府啓曰忠淸兵使李長會因道啓請罷矣道臣論
勘縱有帥律軍行逶迤或因事機而然未可以此而臨陣
易將特爲安徐何如　傳曰允又啓曰卽伏見嶺伯狀本
啓下金海前府使閔泳殷在任時挪用公錢爲七萬五千
三百四十八兩五錢八徵刷一■今廟堂稟處爲辭矣
公錢挪犯積年愆納捄以法紀深庸駭歎令法務衙門拿
囚刻期徵捧以完公納之地何如　傳曰允又啓曰卽伏
見淸梱狀本啓下枚擧牙山靑山燕岐三邑軍器見奪之
狀而該倅並請戴罪擧行矣帥臣之論罷守令帥律則固
然而直請戴罪擧行者大欠事體不可無警該帥臣從重
推考何如　傳曰允○靑梱書目隊官廉道希李鍾九先

入匪徒之會曉諭歸化見奪器械大聲叱賊竟至自刎敎
長朴春彬見其頭目之死亦效忠義章憲所在合施褒贈
兵丁羅龍錫妻林召史聞其夫死投井而死以若卑微有
此卓異其在褒揚亟施表旌事○議政府平海郡守鄭賢
朝南平縣監李載亮

　　　二十五日

謝恩禮山縣監南宮濮

官　報　　開國五百三年十月二十五日

藥房日次問　安　答曰知道　王大妃殿氣候一樣
中宮殿氣候安順卿等不必入侍矣○議政府啓曰卽伏
見東伯狀本啓下春川陞營之後各樣京納仍付該府支
放而摠禦營軍保移來者爲七百五十六名兵曹騎兵上
番軍移來者爲爲名以此夥數排徵各邑係是疊役若除
春川軍布當減於京司上納事理當然令廟堂稟處爲辭
矣春川當納之移徵於關東列邑實是疊役爲民苦瘼合
行蠲減依狀請施行何如　傳曰允又啓曰卽伏見東伯
狀本啓下各樣還穀無過十六萬石以此取耗支放不足
有加作頭錢之弊近來葉當互換吏逋民害弊到極處合

有通變並許代納排結取耗以矯還弊事令廟堂稟處爲
辭矣顧今稅賦次第更張還政積弊亦宜一體矯革依狀
請施行何如　傳曰允○謝恩左副承宣李敬夏○傳曰
承有太公指意今六月二十二日庶務就明軍務進明
傳敎還入○巡撫營鞋廛市民等葉錢三百兩昌廛市民
等葉錢二百兩前五衛將金鍾赫葉錢五百兩前監察金
相英葉錢二百兩來納臣營願助軍需故捧上事　答曰
知道又啓曰卽見先鋒將馳報天安郡守金炳塾熟牛肉
兩隻白酒一甕南草十五把該郡前監察尹英烈牛一隻
錢四十兩全義縣監李敎承草鞋一百部來納陣前故均
派分給事○壯衛營軍司馬李寅昌改差代中樞院員外

郎朴經遠差下○承宣院啓曰忠淸道洪州牧使兼招討

使李勝宇諭書當爲下送矣定禁軍騎撥賫傳何如　傳

曰允○議政府僉知中樞院事李聖烈

　　二十六日

謝恩隱城縣監丁大緯○下直丹城縣監尹泰馹

官　報　　開國五百三年十月二十六日

統衛使李埈鎔上疏大槩敢陳虛縻之悚冀蒙　恩諒事
○議政府啓曰忠淸兵使李長會罷黜安徐事昨已草記
蒙　允矣今見該兵使狀啓謄報則以道啓請罷呶呶置
辨語多不擇獨不聞道臣之直罷帥臣自有帥律乎全昧
典式煩猥莫甚固當拿勘而兵事方張姑令戴罪擧行原
狀啓還爲退却喉院之循例捧入難免不審之失當該承
宣推考何如　傳曰允○答統衛使李埈鎔疏曰省疏具
悉此任委寄意豈徒然已有向批今何申煩洊此艱虞不
必如是勿辭行公○傳曰右承宣許遞宮內府僉議金商
悳差下右承宣李敬夏左副承宣金商悳○謝恩右承宣

李敬夏○承宣院記注李喜和病代奉常主事金東薰
權差○宮內府掌樂主事宋仁憲除拜過限改差代尙衣
主事具喆祖司饗主事洪祐澤遷轉代　仁陵僉奉徐相
膺儀賓主事李鶴林遷轉代中樞院員外郎徐晦淳營繕
主事未差代前守奉官金善五差下　孝陵令趙○0摠
禦營啓曰去夜初更量巡檢盧雲集突入宮墻西禁石橋
水口爲舖軍捉來查問委折則渠以闕內把守食代還來
致晚閉門冒禁潛入至於現捉極爲惶悚云矣警夜重地
有此無嚴萬萬驚駭移送法務衙門依律勘處何如　傳
曰允○宮內府啓曰前日內兵曹所管事務結束色各項
擧行均着宮內府辦理業經降旨　景慕宮冬享大祭　親

行日字在邇各項節目固當稟旨舉行而此係本兵所管
現值官制變通■條未定職掌亦殊自臣府有不敢擅便
何以爲之事　傳曰與廟堂爛商以聞○義禁司義興前
縣監蔡慶默自現就囚○宮內府本府僉議有闕代前
承宣鄭寅奭差下○統衛營軍司馬李著宰改差代司書
徐相勛差下○嶺伯書曰義興亂魁李章鶴大會軍民梟
首警衆事○宗伯府前僉判申櫶今初四日卒逝前僉判
金弘圭去月初九日卒逝　　　二十七日
謝恩右副承宣李采淵壯衛營軍司馬朴經遠摠禦營哨
官梁景煥平海郡守鄭賢朝○下直淳昌郡守朴用元0
知中樞院事朴齊寬湖西慰撫使出去

官　報　　開國五百三年十月二十七日

謝恩宮內府叅議鄭寅奭○議政府啓曰卽接外務衙門
所報據日本公使來文內開慶尙道兵站司令部稟稱聞
慶府使探得前校理李容鎬前叅軍尹某矯旨煽亂實
爲罪魁等因報請轉飭法務衙門照法查辦爲辭矣悖類
之出沒京鄕煽動匪徒聽聞可駭此■行蹤今旣綻露亟
宜緝獲而尹某係是尹甲炳云前校理李容鎬農商衙門
叅議尹甲炳並令法務衙門拿囚嚴查稟處何如　傳曰
允又啓曰卽接軍務衙門牒呈內以爲羅州前營將李源
佑仍任事向因道啓施行而行會前新營將南俊元赴任
云矣全州營將有闕之代以羅州營將李源佑差下使之

除朝辭赴任羅州營將以南俊元仍差擧行何如　傳曰
允○平梱書目永柔居黃贊洙欲斷電線被捉於日兵北
門外梟首事又書目雲山城內民家七百二十九戶被燒
衝火之文龍云北門外梟首事○宗伯府前叅判金綺秀
去六月初十日卒逝○宮內府　永禧殿令崔文煥　仁陵
叅奉李潤相　昭慶園守奉官李■尙衣主事金益魯○
義禁司肅川前府使申德均新寧縣監閔泳憙自現就囚
又啓目光州前牧使閔■鎬扶安前縣監李喆和並照律
何如啓依允○巡撫營啓曰卽見先鋒將馳報天安居前
監察尹英烈牙山居出身趙重錫召募三百名來赴陣前
以待聽候爲辭矣其在激勸之方不可無示意並別軍官

差下使之效勞何如 傳曰允又啓曰卽見出陣領官李
斗璜馳報以爲木川細城山匪魁金福用生擒而所獲軍
實成冊上送爲辭矣斬獲實數與軍物穀包另具別單以
入事○內務衙門靈山縣監金炳怡井邑縣監李用■俱
以身病改差

　　二十八日
謝恩統衛營軍司馬徐相勛○下直禮山縣監南宮㤠濮○
奉常主事金東薰尹榮洙粲盛各穀監穫後入來○廣■
書目中軍具然郁身病罷黜代前副護軍李丙烈差下○
大學士金永壽上疏大槩敢陳職瘝病痼之實冀蒙本兼
並遞之 恩事

官　報　　開國五百三年十月二十八日

議政府啓曰卽見廣■狀啓謄報中軍具然郁身病罷黜
其代前副護軍李丙烈自辟差下事令該衙門稟旨分付
矣依所請施行中軍自辟當報臣府轉奏而直爲啓請殊
違啓下定式該守臣推考何如　傳曰允又啓曰卽伏見全
羅左水使金澈圭狀本啓下匪徒鴟張期圖討滅而營穀
無儲軍餉難辦附近邑某樣米中限千石劃下爲辭矣該
營處在湖南要隘防堵不可一日疎忽光陽舊屯穀中量
宜取用以補軍需後報來事分付何如　傳曰允又啓曰
卽見嶺伯狀啓謄報軍器見失之善山府使尙州營將昆
陽郡守禿用別將令攸司稟處爲辭矣見今兵事方張

勘處間多日曠務不可不念善山府使尹雨植尙州營
將閔致琓昆陽郡守宋徽老禿用別將閔致源並特令
戴罪擧行何如　傳曰允又啓曰向以嶺南賑資令度支
設法船運事行會矣今見該道臣狀本則稽事荏歇民力
漸竭公納一■實難督刷來頭設賑萬無其策上項賑資
趁速劃下事今廟堂稟旨分付矣四載慘歉羣情遑汲懷
保之方不容少緩而本道年形雖曰大無優遜各殊稅額
責納有難全擱且今經用枵罄從他措劃實不可擬議就
道內上納中錢三十萬兩米一萬石特爲劃下令道臣酌
量派給俾究實惠庸紓我　重宸南顧之憂事分付何如
傳曰允又啓曰昨因軍務衙門牒呈全州營將之代羅州

前營將李源佑差下羅州營將南俊元仍差事蒙 允矣

今見全羅兵使徐丙懋兩度狀本羅州營將南俊元赴任

閱月之後李源佑亦以仍任更赴云該邑捍禦方嚴不可

以銷刻爲拘李源佑還授羅州營將南俊元移差全州營

將使之便道卽赴何如 傳曰允又啓曰向以羅州牧使

閔種烈協同該鎭營將管下各邑剿撫之方隨機辦理事

己有啓稟行會矣湖南匪擾去益猖獗而該牧始終堅守

屹然爲砥柱聞極嘉尙依洪州牧使例羅州牧使閔種烈

湖南招討使差下右沿各邑使之節制專意剿除何如

傳曰允○答大學士金永壽疏曰省疏具悉卿其勿辭行

公○義禁司照目粘連扶安前縣監李喆和杖一百公罪

收贖奉敎依 允功減一等又照粘連光州前牧使閔

■鎬杖一百公罪收贖奉敎依 允議減一等○宮內府

穆陵令李虎榮○義禁司星州牧使吳錫泳自現就囚○

軍務衙門摠禦營騎士將李敏興改差代徐廷喆差下○巡

撫營啓曰召募官孟英在牒報原州匪魁金化甫利川接主

李正五結果竹山府使李斗璜牒報接主李臻榮及隨從

匪類十一漢並結果瑞山郡守成夏泳牒報永同接主白

學吉懷仁都執柳鴻九四漢並梟首畿甸召募官鄭基鳳

牒報木川匪魁金㪍業等並梟首事○警務廳摠巡金興

集改差代巡撿姜浩善陞差○義禁司肅川前府使申德

均新寧前縣監閔泳憙並照律何如啓依 允

二十九日

謝恩 永禧殿令崔文煥儀賓主事徐晦淳○法務衙門

大臣洪鍾軒上疏大槩敢陳病實冀蒙 恩諒事

官　報　　開國五百三年十月二十九日

藥房日次問 安 答曰知道 王大妃殿氣候一樣
中宮殿氣候安順卿等不必入侍矣○左承宣申箕善上
疏大槩敢陳衷懇冀蒙 恩諒事○議政府燕岐縣監李
景熙靈山縣監金建漢井邑縣監崔在澈中樞院員外郎
李章鎔吳仁根沈宇澤○傳曰傳香承宣馳詣 宗廟
景慕宮奉審摘奸以來○議政府啓曰守令遞歸後債負
有無從實修啓事曾有定式而卽見嶺伯啓本安東前府
使洪鍾榮大邱前判官申學休盈德前縣監張華植義興
前縣監蔡慶默公挪私負如是夥數捄以典憲極爲該然
令法務衙門拿囚一一懲捧下送該道以充公納何如

傳曰允又啓曰卽伏見關西宣諭使趙熙一狀本啓下備
陳關西諸邑經亂後難支之狀軍錢結錢今年條之如干
未收及明年條之各樣上納中限十五萬兩除給事令廟
堂稟處爲辭矣一自經亂荷擔相續道路愁慘此時懷綏
安集不可一時虛徐邑勢民情亦難如數責捧依狀請特
爲許施使道臣核實除減俾爲安業樂生之地何如 傳
曰允又啓曰卽見北伯災實分等狀啓定平等八邑置之
稍實高原等三邑置之之次德源等三邑置之尤甚德源
府浦落元續田七結五十負八束特許停稅待年豊還起
復摠後錄諸條並請令廟堂稟旨分付矣秩束作而雨暘
占豊屆西成而尤嘆惜乾晩候頗調穡事少康於衍沃霜

信差退民情稍紓於南北苟論全省亦可曰儉歲三等分
劑應有斟裁依施德源浦落田己有道啓不容無體恤之
政限三年特令停稅其餘三條多有己例且關紓力並爲
許施何如 傳曰允又啓曰卽見華■災實狀啓新災一
■不爲擧論流來舊陳九十九結四十六負六束期於査
括書充計料推收徵債限明秋防塞事請令廟堂稟旨分
付矣望雲霓而輒慰農情退晚霜而克成稼事棲畝則多
黍多稌登■焉滿籌滿車似此降康之呈祥宜無執災之
可論其各流來舊陳繼卽査起期於復摠推徵防塞依狀
請許施何如 傳曰允〇傳曰今見錦伯狀啓槐山郡酷
經匪擾民家被燒爲五百餘戶之多哀彼無辜慘遭賊害

死者己極矜惻生者亦何依賴顚連溝壑如在目前迨此
寒節曷以聊生言念及此錦玉靡安被災恤典固當按例
而國儲方罄無以從厚公納中錢壹萬兩令道臣劃給以
示周恤之意被燒者生前身還布並蕩減招徠安集另加
設法俾有奠接事廟堂措辭行會〇宗伯府來十一月初
三日行 景慕宮冬享大祭 親祭取稟奉教恭依還入
攝儀改書下〇傳曰都承宣許遞前望單子入之金明圭
落點〇宮內府司饔院主事李虎榮遷轉代李載宅差下
十一月初一日
下直陰城縣監丁大緯〇觀象局自去夜四更至今初一
日開東下雨測雨器水深一分

官　報　　開國五百三年十一月初一日

議政府啓曰各邑稅賦皆以代錢磨鍊則轉運一事自歸
勿論■南摠務官李聖烈嶺南摠務官鄭秉夏並減下何
如　傳曰允又啓曰關日兵住站之地酬應浩多云宣
川■使權榮鎭伴接官差下前司果金應玉伴接從事官
差下使之專意幹當何如　傳曰允○答左承宣申箕善
疏曰省疏具悉所請依施○傳曰右承宣許遞與未差之
代度支協辦金喜洙農商協辦成岐運差下左承宣成岐
運右承宣金喜洙○傳曰度支協辦之代同中樞韓耆東
差下法務協辦之代同中樞李建昌差下工務協辦之代
內務協辦曹寅承移差內務協辦之代同中樞李容■差

下農商協辦之代學務叅議高永喜差下○傳曰飭已施
矣前廣州■守洪淳馨分揀○宮內府前日內兵曹所管
事務結束色各項擧行與廟堂爛商以聞事　命下矣謹
依　下敎臣與總理大臣爛商則現今制度更張姑令扈
衛副將擧行恐合權宜而有不敢擅便　上裁何如　傳
曰別侍衛姑令扈衛副將擧行放仗稟承宣爲之其餘各
項事務遵前旨令宮內府辦理○內務衙門龜城府使洪
岐厚高山縣監沈僖澤俱以病改差○經理廳軍司馬金
基龍改差代前校理尹相燮差下○錦伯書目韓山郡守
丁大懋連呈辭狀罷黜事○觀象局自開東至申時下雨
測雨器水深四分○議政府堤川縣監吳振泳同知中樞

院事金思轍

初二日

觀象局自初一日人定至初二日開東下雨測雨器水深

五分○謝恩 穆陵令李虎榮摠巡姜浩善○下直平海

郡守鄭賢朝

官　報　　　開國五百三年十日月初二日

議政府啓曰蠢玆匪類剗一潢池小醜而到輒滋擾每庸
痛憤剗見湖沿招討使李勝宇馳啓則仗義敵愾倡列邑
而振軍聲三次往剿獲渠魁極爲嘉歎招討使李勝宇
特爲加資至於將卒奮不顧身冒險效功不可無獎勸之
擧將官中會經實職人守令待窠調用無職名人並武職
郞階成給其餘出征軍卒錢木從優題給以公納中會減
後報來另飭團束廓掃餘氛事分付何如　傳曰允又啓
曰聞海營方有匪擾猖獗云雖無道啓傳聞極其驚駭令
巡撫營亟飭該道綑鎭設法勦除何如　傳曰允又啓曰
前校理宋廷燮出沒京鄕矯旨煽亂聽聞可駭令法務衙

門拿囚嚴查稟處何如　傳曰允○去十月十七日畿伯
書目桃源察訪吳克賢除拜屢朔尙未赴任罷黜事○巡
撫營啓曰今聞海州匪類聚黨作鬧至犯監營云緩兵調
發不宜遲待狀聞以黃海兵營砲軍中精擇五十名使該
將官率領赴援之意關飭該帥臣何如　傳曰允又啓曰
剗見召募官孟英在所報則去十月二十一日行軍到洪
州長野村砲殺匪類三十餘名翌日轉向瑞石面則匪徒
數千餘名揷立白旗結陣屯聚矣放銃接戰以丸中殺者
不知其數而且有生擒諸漢無非愚蠢之被勒入徒者故
詳細查覈一一曉諭歸化安業之意另爲申飭後仍剗還
軍事又啓曰剗見出陣領官李斗璜去十月二十六日所

報則向日細城山生擒賊魁金福用及有名色匪類金永
祜等五漢召募官鄭基鳳捉送匪類二漢天安郡押來匪
類十四漢並結果當日進向公州事又啓曰烟草廛市民
等葉錢一百兩出身金熙德葉錢二百兩來納臣營願助
軍需故捧上事○宗伯府今二十六日冬至朝賀時應行
節目叅考前例磨鍊依此擧行何如啓權停○議政府平
安兵使李用漢身病改差○承宣院啓曰行都承宣金明
圭新差右承宣金喜洙並在外上來下諭事　傳曰允○
答法務大臣洪鍾軒疏曰省疏具悉所請依施○議政府
龜城府使李根興韓山郡守白樂享高山縣監張泰秀知
中樞院事洪淳馨同知中樞院事申箕善僉知中樞院事

李敬夏
　　初三日
謝恩行左承宣成岐運經理廳軍司馬尹相燮○知中樞
院事洪淳馨上疏大槩罰不蔽辜　恩叙遽降敢陳自劾
之章冀蒙未盡勘之律事

官　報　　開國五百三年十日月初三日

傳曰傳香承宣馳詣　景慕宮奉審摘奸以來○內務衙
門萬頃縣令趙義觀身病改差○答知中樞院事洪淳馨
疏曰省疏具悉遂事何必爲引卿其勿辭行公○議政府
啓曰安梱今己啓遞矣其代以宣川府使權瀅鎭差下使
之便道卽赴密符以前兵使所佩仍授諭書令承宣院成
出安寶定禁軍騎撥下送何如　傳曰允○軍務衙門摠
禦騎士將徐廷喆改差代李敏興沁營文案姜文會改差
代外務衙門主事李康夏擇差方在居憂起復從戎事○
巡撫營啓曰卽見先鋒將李圭泰馳報則去十月二十五
日率統衛營兵丁二小隊進發瞭望賊在高峯列立旗幟

故分陣於公州孝浦蠟橋等峯督戰統衛營隊官申昌熙
吳昌成奮不顧身砲殺匪類五六名而被傷者不計其數
賊乃挫氣退走又於當日瑞山郡守成夏泳與隊官尹泳
成白樂浣曹秉完李相德三路進兵賊徒酋長乘轎張蓋
揚旗吹角故一時砲殺七十餘名生擒二漢獲得火砲及軍
械經理廳兵丁十二名獲得回旋砲一坐餘他匪類乘夜
散走敬川店兩次戰捷我兵一無受傷　王靈所暨伏不勝
萬幸所獲軍物成冊上送爲辭矣軍物段另具別單以入
事又啓曰卽見出陣領官洪運燮牒報去十月二十三日與
後援叅領官具相祖領兵把守公州孝浦矣匪類全琫準
會合沃川匪徒於大橋云故聞而進發則屯聚林■竪旗

列環者沿爲數萬餘名從背後砲殺二十餘名生擒六漢
梟首警衆所獲軍物成冊上送爲辭矣軍物段另具別單
以入事 答曰知道○議政府判中樞院事洪鍾軒同知
中樞院事李用漢僉知中樞院事鄭秉夏○昨日巡撫營
草記中召募官孟英在軍到洪州以洪川正誤
初四日
謝恩 仁陵叅奉李潤相堤川縣監吳振泳司饔主事徐
相膺大興僉使崔益贊○下直連原察訪蔡東根

官　報　　開國五百三年十日月初四日

議政府奉 上諭爲布告中外各道地方官吏大小民人

事我國家昇平日久安常守舊文武恬嬉津津然有委靡

不振之勢日本國家顧友■之重挺身出力不避少嫌

勸我以自主自强之道聲明於天下我國家雅悉其意

方欲大振網紀與之代興以全東洋之局此誠多難

興邦之會轉危爲安之秋也奈之何民心不靖胥動浮

言至有藉托義擧敢行稱亂此非徒讎視鄰國卽讎視我

國家也其害將有關於東洋大局此豈覆載之所可容者

乎向由我政府請日兵相助三路進剿該兵等奮不顧身

以少擊衆平蕩之期計在不遠足以明日國之斷無他意

專欲助我鋤亂改政安民以敦鄰睦之好也惟爾地方官

吏及大小民人明悉此意凡日兵所到無或驚擾軍行所

需竭力應副以破前日猜疑之見以謝爲民暴露之苦念

爾有衆尙有未曉切切特佈凜遵無違○錦伯書目林川

郡守韓鎭泰旣失軍器擅送符金擧措駭妄爲先罷黜其

罪狀令攸司稟處事又書目軍器見失之黃磵縣監宋昌

老平澤縣監李鍾郁爲先罷黜其罪狀令攸司稟處舒川

郡守金麟洙段雖在病罷國物見失罪在不飭亦令攸司

稟處事○議政府啓曰海營匪擾傳聞去益罔測按藩守

士之臣苟能懷綏彈壓兩得其宜豈致此無前之變乎變

出多日仍無馳啓亦極駭歎黃海監司鄭顯奭姑先施以

譴罷之典其代以關西宣諭使趙熙一差下海州判官李
同和罷黜其代以延安府使李啓夏移差並使之便道不
日卽赴匪擾顚末仍令新道臣築底鉤覈登聞事三懸鈴
行會何如 傳曰允○軍務衙門統衛營兵房許瓗改差
代申奭熙○巡撫營天安郡守金炳塾禮山居進士李章
珪並召募官差下○軍務衙門啓曰宣傳官申龜鉉身病
改差事 傳曰陞六又啓曰卽伏見東伯狀本啓下曾以
道內越松萬戶作爲軍校自辟窠而癸未以京久勤間窠
差送戊子該鎭將兼■陵島島長後軍校並未得差不無
■苑依前以軍校首勤自辟事請令該衙門稟處矣此鎭
之於該營校未得間差宜乎稱屈而新鎭將金顯澤旣兼

■陵島島長啓下則待瓜遞自辟望報例兼島長施行何
如 傳曰允○巡撫營啓曰卽見敎導所領官李軫鎬所
報則去十月二十六日與日兵大隊及鎭南營兵丁合勢
進發到懷德地彼徒幾千名隔水成陣故混戰一■逐殺
數十名生擒朴聖燁等七名仍卽砲殺餘黨四散逃竄而
獲得銃丸旗■等物及牛馬三十四隊官李敏宏率一隊
兵偵察於報恩淸安等地捉得匪徒接司安武玄等四漢
並卽砲殺當日進向公州事 答曰知道又啓曰南原居
出身田東錫召募官差下進士李洓儀昌平居幼學高顯
柱叅謀士差下前中軍李宗珍前萬戶李志孝前司果金
潤昌幼學金馨鎭秋時安並別軍官差下派送各陣軍前

效勞事　傳曰允又啓曰前僉使洪在駿軍務主事安大
亨並別軍官差下使之馳往海州赴援陣事　傳曰允○
軍務衙門副司勇李錫範金錫敎金東鉉金德才尹時亨
金寬守崔德三文時京李應俊宋汝三孫興七申聖大金
春奉李敬汝金炫九李化千韓壽七○議政府宣川府使
尹秉善

　　初五日
謝恩營線主事金善五龜城府使李根興　孝陵令趙梃
○下直堤川縣監吳振泳大興僉使崔益贊○工務衙門
大臣徐正淳上疏大槩荐控必辭之義冀蒙亟遞之　恩
事

官　報　　開國五百三年十一月初五日

藥房日次問　安　答曰知道　王大妃殿氣候一樣

中宮殿氣候安順卿等不必入侍矣〇承宣院記注李守

寅病代承文副正字徐丙贊權差〇議政府啓曰延安府

使今當差出而此邑與海州接壤不可暫曠度支衙門主

事申在億差下聞方在開城地使之除朝辭卽赴何如

傳曰允又啓曰新差黃海監司趙熙一使之便道不日卽

赴事　允下矣密符前伯所佩仍授敎諭書令承宣院成

出安寶定禁軍騎撥下送何如　傳曰允〇答工務大臣

徐正淳疏曰省疏具悉卿其勿辭行公〇巡撫營啓曰卽

見畿甸召募官鄭基鳳所報則去十月二十二日行軍到

木川東里捕獲細城山餘賊李熙人韓喆永等六十餘名

查覈覈則李漢左右道都禁察韓漢亦是匪魁其外有名賊

徒十二漢並卽砲殺其餘五十餘名俱是愚蚩被脅者而

願爲歸化故嚴懲放釋二十四日進到葛田面屯聚賊徒

數百名仍爲討破獲得銃鎗百餘柄而所居平民叚使之

曉諭安堵事　答曰知道〇議政府龍川府使金應玉同

知中樞院事許瑽

初六日

謝恩摠禦營騎士將李敏興尙衣主事金益魯

官　報　　開國五百三年十一月初六日

議政府啓曰卽聞南原府使李龍憲中路召募被執不屈
竟至捐軀危忠卓節足以激勸士氣特 贈軍務協辦之
職收錄其孤返靷時沿路擔軍拔例題給所經各邑加意
護喪之意分付各該道臣處歸葬後別致 恩侑以示朝
家褒恤之典何如 傳曰允又啓曰卽接巡撫營牒呈枚
擧召募官孟英在所報今番剿匪時前後效勞之義士合
有獎勸爲辭矣奮義賈勇掃蕩賊數極爲嘉尙幼學崔台
憲等七人爲先郞階成給隨才收用砲軍高致伯等七人
並帖加以示朝家褒獎之意何如 傳曰允又啓曰畿甸
召募官鄭基鳳軍到木川獲斬匪魁掃蕩賊藪聞極嘉尙

而時値空官閭境人民依以爲恃云經擾羣情不可不念
前主事鄭基鳳特差木川縣監仍兼湖西召募官使之卽
日察任專意剿討前差縣監閔景勳待窠區處何如 傳
曰允〇軍務衙門摠禦別將尹始炳改差代申從均差下
摠禦兵房徐丙勳改差代趙載〇議政府因錦伯牒報
本營中軍任基準改差代以經理廳隊官白樂浣自辟啓
下

　　初七日

謝恩統衛營兵房申奭熙內務衙門主事嚴柱沈司饔主
事李載宅井邑縣監崔在澈廣州中軍李丙烈〇下直龜
城府使李根興

官　報　　　開國五百三年十日月初七日

傳曰是年是月卽我 純祖大王禮陟 憲宗大王御極
之回甲也今我展省情禮當然而值此多難末由遂誠予
小子愴感之懷倍切如新今十三日 仁陵十八日 景陵
酌獻禮遣大臣攝行庸伸追慕之忱矣該房知悉〇傳曰
仁陵酌獻禮趙領院事進去 景陵酌獻禮鄭領院事進
去〇議政府啓曰嶺南匪擾尙未止熄仁同府使趙應顯
討捕使差下河東府使洪澤厚助防將差下使之專意剿
討何如 傳曰允又啓曰卽接度支衙門所報平昌郡守
沈宜平以前任載寧郡守公貨犯贓夥多請令徵捧爲辭
矣揆以典式不可仍置平昌郡守沈宜平罷黜令法務衙

門拿囚徵贓何如 傳曰允〇內務衙門啓曰宣川府使
尹秉善除朝辭赴任事 允下矣密符以前府使所佩仍
授諭書令承宣院成出安寶定禁軍騎撥下送何如 傳
曰允〇承宣院權差記注金東薰改差代尹榮洙〇僉知
中樞院事李宬榮上疏大槩敢陳愚衷冀蒙採納之 恩
事〇軍務衙門召募官孟英在剿匪時效勞義士砲軍高
致伯徐石化咸承淵金伯先朴敬浩朴春日高德源並折
衝將軍帖加〇議政府南原府使申佐熙林川郡守兪鎭
沃萬頃縣令李鍾岳同知中樞院事徐丙勳〇初四日黃
潤平澤罷黜以淸梱書目正誤　　　初八日
內務衙門大臣徐相雨上疏大槩敢控病實冀蒙恩諒事

官　報　　開國五百三年十一月初八日
謝恩行都承宣金明圭〇議政府平昌郡守嚴文煥〇承
宣院啓曰　仁陵　景陵酌獻禮祭文當爲製進大學士
金永壽待明朝牌招使之製進何如　傳曰允〇經理廳
隊官白樂浣移差代金命煥陞差〇警務廳前左右捕廳
所在通符一百八顆還納事
　　初九日
謝恩摠禦營兵房趙載恆別將申從均林川郡守兪鎭沃
韓山郡守白樂亨南桃浦萬戶金甲秀〇下直井邑縣監
崔在澈廣州中軍李丙烈〇同知中樞院事李容■上疏
大槩敢陳懇迫之狀冀蒙矜遞之　恩事

官　報　　　開國五百三年十一月初九日

宗伯府啓曰 仁陵 景陵遣大臣攝行事 命下矣

祭品謹遵 幸行時局內 陵寢遣大臣攝行之例磨鍊

而爵用一獻當日用齊旣有己例今亦依前例擧行之意

知委事 傳曰 祭品以親 祭例磨鍊○錦伯書目上

疏上送事 答曰省疏具悉此時此任豈可輕遞卿其勿辭

益勉對揚之道也○軍務衙門摠禦千摠李哲鎬改差代

蔡奎駿哨官姜仁必改差代鄭在千差下○內務衙門召

募官孟英在剿匪時効勞義士崔台憲許坰南廷德金魯

洙羅正學李益洙梁春煥並付從仕郎階 初十日

謝恩南原府使申佐熙

官　報　　開國五百三年十一月初十日

藥房日次問 安 答曰知道 王大妃殿氣候一樣

中宮殿氣候安順卿等不必入侍矣○議政府啓曰卽接

法務衙門所報時囚罪人李容鎬宋廷斐情節現有可疑

供招一向抵賴云此不可不嚴覈乃己並令刑推得情何

如 傳曰允○領中樞院事趙秉世箚子大槩敢控病實

乞賜變通事 答曰省箚具悉卿懇愼節奉慮 享官自

當變通卿其安心調理仍 傳曰此批答遣史官傳諭○

傳曰 仁陵攝行酌獻禮義和君進去○答內務大臣徐

相雨疏曰省疏具悉所請依施○答同知李容■疏曰省

疏具悉所請依施○箕伯書目殷山縣監金稷洙除拜四

朔尚不赴任爲先罷黜其罪狀令該衙門稟處事○東伯

書目平昌郡守沈宜平見奪軍器罷黜事○議政府外務

衙門主事有闕代沁營文案李康夏差下因畿伯牒呈本

營前中軍徐廷喆還差僉知中樞院事李晢鎬

　　十一日

謝恩萬頃縣令李鍾岳○下直林川郡守兪鎭沃韓山郡

守白樂亨南桃浦萬戶金甲秀○前執義金禹用前掌令

咸遇復前正言鄭錫五等聯名上疏大槩敢陳共公之忱

冀蒙採納之 恩事○淸梱書目捕獲東徒二十二漢中

朴元光等十三漢梟首事

官　報　　開國五百三年十一月十一日

傳曰原任閣臣金奎弘馳詣 仁陵奉審摘奸仍█監

祭 獻陵一體奉審以來○傳曰 景陵酌獻禮後大臣

仍詣 陵上奉審以來○傳曰 仁陵酌獻禮後義和君

仍詣 陵上奉審以來○承宣院啓曰道臣如非拿問與

削黜則例不得以都事封啓而錦伯朴齊純無端廢務匪

徒犯營狀啓使假都事遽爾修啓事體所在誠極未安原

狀啓係是邊情雖不得不捧入該道臣不可無警推考何

如 傳曰允○傳曰卽見湖沿捷報稍紓南顧之憂兩湖

人民鮮不爲匪徒所誤惟獨洪州一城被圍之餘仗義奮

擊挫退賊勢極庸嘉歎其效力死事諸人廟堂當有襃恤

之啓而至於附城之民酷被匪燹者爲數百戶亂餘失所

何以爲生念其棲遑艱楚之狀不覺悽然道內公錢中壹

萬兩劃下分給被燒之戶稍待事平自營邑加意顧助俾

爲結搆奠接之方事亦今廟堂三懸鈴知委於該道道臣

○議政府啓曰卽見華█狀啓膽報擒納東學魁首之本

營執事嚴泰永施賞當否令該衙門稟處爲辭矣冒險突

圍獲納匪魁極爲嘉尙其在激勸之義合有襃賞之典

嚴泰永善地邊將作窠差送所率牙兵令該守臣從厚

施賞事分付何如 傳曰允又啓曰湖沿剿匪方亟而洪

州營將韓澤履聞有身病改差其代以前府使洪楗差下

時在該邑云仍令除朝辭察職何如 傳曰允0統衛營

軍司馬徐相勛改差代直殿朴台熙差下○議政府因軍
務衙門牒報宣傳官申從均移差代前水使李鳳鎬差下
　　十二日
謝恩外務衙門主事李康夏○判中樞院事李承五上疏
大槩敢陳實病難強之狀冀蒙見職遞改之　恩事○議
政府判中樞院事徐相雨同知中樞院事李容█

官　報　　開國五百三年十一月十二日

謝恩統衛營軍司馬朴台熙0　承宣院權差記注徐丙贊

改差代朴永駱0　摠禦營軍司馬洪顯哲改差代煎校理

李起鎰差下

　　　十三日

謝恩摠禦營哨官鄭在千宣傳官李鳳鎬

官　報　　開國五百三年十一月十三日

傳曰奉審閣臣入侍0　傳曰奉審義和君入侍0　傳曰
仁陵酌獻禮時獻官以下別單書入而陵官別單一體書
入0　傳曰故相臣洪淳穆故判書朴元陽故叅判徐相翊
並令復官爵0　傳曰傳錦陵尉朴永孝職牒還授仍爲蕩
滌叙用0　傳曰纔有處分矣一視之下不可異同事關甲
申諸罪人罪名並特爲爻周支屬散配者並令放送以示
朝家廣大之意0　巡撫營啓曰卽見出陣領官李斗璜所
報則錦伯朴齊純黃牛兩隻白米五石報恩郡守李奎白
黃牛一隻懷仁縣監兪弼煥黃牛兩隻天安郡守金炳塾
黃牛一隻溫陽郡守徐晚輔草鞋八十五竹南草二十八

把燕기縣吏廳黃牛兩隻洞民等黃牛一隻淸州各洞民
等黃牛兩隻木川各洞民等黃牛一隻猪九首及外他酒
飯食物各其來納于陣前故一一分饋事又啓曰卽見出
陣領官李斗璜牒報則去二十九日自公州離發轉進溫
陽新昌等地捉得匪類三十漢仍卽結果初六日到海美
縣賊徒屢萬屯結故? 軍功其不意賊黨棄城四走我兵
入城旦捉百餘名而其中射殺者爲四十名所獲軍物修
成冊上送小休兵力發向唐津기川瑞山泰安地亟圖剿
滅爲辭矣所獲軍物別單書入事0　議政府啓曰卽見湖
沿招討使李勝宇馳啓奮義誓衆冒危殲魁匪類望風奔
竄列郡指日廓淸而今下　聖敎極其懇摯遇難被燹之

戶劃公錢而奠接效力死事之人褒乃公而獎恤德音今
曁存歿俱感伏不勝欽仰攢頌出征軍官金秉暾李昌旭
先登抗？竟以身殉朱弘燮朱昌燮同氣並命一門雙節
韓基慶以十六歲兒奮勇赴陣而死執戈衛社無愧汪錡
其足以樹風礪世金秉暾曾經實職特　贈軍務僉議李
昌旭朱弘燮朱昌燮並特　贈軍務主事韓基慶特施旌
閭之典存恤基父給復終身其餘軍卒之死者優助收瘞
生前身還布蕩減傷者各別救療事分付該道臣及招討
使何如　傳曰允又啓曰金山處在兩南要衝此時防堵
不容疎虞前承旨曹始永召募使差下金山郡守朴駿彬
助防將差下使之分守備禦曹始永以前任興陽縣監空

官時軍器見失事方在남問中特爲分揀何如　傳曰允
又啓曰蔭城縣監尹泌以其身病道啓晴罷而此倅實心
做治吏民懷保願？之狀式日踵至其績可嘉特爲仍任
新差縣監丁大緯待窠區處何如　傳曰允0　北伯書目
長津金礦行悖之金允七梟首警衆事0　軍務衙門沁營
文案李康夏체轉代金益弘南營領官任百淳遷轉代朴
燦圭文案安忠植改差代李根中差下統衛營兵房申夾
熙改差代柳冀大0　度支衙門啓曰正供法意何等嚴重
而員外郎朴受晩以前任宣惠郎廳與前敎官閔明植綢
繆和應淸州大同木擅自以錢代捧無難乾沒成給僞尺
事末前有萬萬痛駭自臣衙門連加督俸無意辨納員外

郎朴受晚前敎官閔明植令法務衙門嚴查勘處乾沒之

木代錢二萬二千三百二十兩不日督刷以完正供事

傳曰允

　　　　十四日

謝恩軍務衙門大臣李奎遠摠禦營軍司馬李起鎰千摠

蔡奎駿0　下直南原府使申佐熙

官　報　　開國五百三年十一月十四日

傳曰左副承宣許遞僉知中樞院事盧泳敬差下左副承
宣盧泳敬0 議政府啓曰卽伏見嶺바狀本啓下聞慶府
使金禎根悉心做治吏民懷綏今當箇滿特爲仍任加設
砲軍一百名餉料措劃令廟堂稟旨分付矣此倅築城繕
械勵衆捍賊軍務旁午輿情願借依狀請仍任軍需一?
개府結稅中當爲劃付而錢米間支調之方從長措處更
爲報府之意分付何如　傳曰允又啓曰卽見全羅道假
都事鄭海遠狀啓謄報古阜郡守梁弼煥被被於匪徒竟
至捐軀極庸慘惻而聞其抗義? 賊卓節可尙不可無褒
恤之典特　贈軍務協辦返軔時擔軍題給所經各邑加

意護喪之意分付各該道臣何如　傳曰允又啓曰卽見
慰撫使電報晉牧病劇發務云矣要隘保障之地不可暫
曠晉州牧使柳? 改差其代以大邱判官池錫永移差使
之便道速赴何如　傳曰允0 宮內府錦陵尉朴泳孝0
議政府全羅右水使李圭桓東萊府使閔泳敦俱以身病
改差0 壯衛營軍司馬朴經遠改差代前校理李炳城差
下0 統衛營出身秦學純金? 浩隊官加差下敎長金昌
煥隊官陞差並權付衆領官趙慶相改差代隊官金振澔
陞差隊官之代出身申羽均差下0 議政府因慶尙佐兵
使牒報本營虞候李敏濟移差代前虞侯金弘祚自辟啓
下0 海伯書目軍器見失之康翎縣監柳灌秀松禾縣監

趙重軾助泥萬戶安國良吾叉僉使李鳴善並爲罷黜其
罪狀令該衙門稟處事0 議政府知中樞院事申奭熙
　　　十五日
謝恩統衛營領官金振濩0 下直萬頃縣令李鍾岳0 工
務衙門協辦曹寅承上疏大槩敢陳實病難强之狀冀蒙
見職亟遞之　恩事

官　報　　開國五白三年十一月十五日

藥房日次問　安　答曰知道　王大妃殿氣候一樣

中宮殿氣候安順卿等不必入侍矣0　答工務協辦曹寅

承疏曰省疏具悉所請依施0　傳曰右承宣右副承宣

許遞僉中樞金甲洙尹相衍差下右承宣金甲洙左副承

宣尹相衍右副承宣盧泳敬0　巡撫營啓曰卽見召募官

孟英在今初七日所報匪魁辛載奎鄭士元二漢卽是有

名者而圤平進士徐丙升幼學兪德濬設機枭納楊根匪

魁李豐求隨從尹昌根尹福星驪州匪類韓錫龍各自該

縣義兵所捉納故並誅之連接敎導所領官李軫鎬今初

九日所報隊官李謙濟與日兵偵探沃川地捉得匪類接

主鄭元俊砲殺鉛九二十斗銃一百五十柄環刀一百柄

鐵? 竹? 並六百柄獲得事　答曰知道又啓曰卽見出

陣領官李斗璜牒報海美敗賊餘黨復刧於瑞山梅峴數

洽屢千今初八日與衆領官元世祿隊官尹喜永李圭植

卽抵賊窟擊其不意砲殺者爲數十餘名而餘黨仍爲奔

竄故所獲軍物成冊上送事　答曰知道0　議政府僉知

中樞院事金商惪0　權付隊官金昌煥以李昌煥正誤

　　　十六日

謝恩壯衛營軍司馬李炳城統衛營兵房柳冀大隊官申

羽均秦學純金?浩0　軍務衙門大臣李奎遠上疏大槩

敢陳實病難强之狀冀蒙見職亟遞之　恩事

官　報　　開國五白三年十一月十六日

議政府啓曰卽伏見前海叩狀本啓下康翎縣監柳灌秀
松禾縣監趙重軾以軍器見失事論勘矣固當如法罷拿
而此時邑宰之勘處間曠務極涉疎虞特令戴罪擧行何
如　傳曰允又啓曰延安前府使李啓夏日前移差海判
矣此倅實心? 治捐橐設砲吏民懷綏一境安堵願借之
民情方切特爲仍任海州判官之代延安府使申在億移
差使之除朝辭速赴何如　傳曰允又啓曰結城前縣監
朴基鵬向因兵符軍器見失事道啓請罷矣該倅一心做
治閤境賴活願借之民狀閱月不止典式雖係莫越羣情
有難終咈特令戴罪擧行所失兵符另飭各鎭營刻期?

納新差縣監李秀敦待窠區處何如　傳曰允0 經理廳
左粲領官金在與改差代前僉使趙義聞差下0 宮內府
啓曰卽伏見全羅道假都事金溝縣令鄭海遠狀本啓下
迨此有事之際　廟　殿陪護尤爲審愼而由歸者閱序不
還新除者過限未赴至於許久闕直之境揆以事體萬萬
駭然 肇慶廟今朴鳳來金潤鉉　慶基殿粲奉張敎遠
並爲先汰去其罪狀令該衙門拿問處之　慶基殿令金
東錫猝當匪類之欄犯奮隻身而遮護團束衛卒之渙散
傾薄倅而撫恤兇鋒遽止職守無曠誠力俱摯施措咸宜
其在激勸之道合有奬用之典請令廟堂稟處事　傳曰
允0 宗伯府前粲判張時叱去十月十二日卒逝前粲判

趙秉友去十月十七日卒逝0 議政府東萊府使鄭寅學大邱判官趙秉吉古阜郡守尹秉同知中樞院事曹寅承金喜洙僉知中樞院事李采淵柳?閔泳敦0答軍務大臣李奎遠疏曰省疏具悉所請依施0 按撫使閔種默書目上疏上送事 答曰省疏具悉所請依施0巡撫營啓曰即見先鋒將李圭泰今初十日所報內今初八日匪徒幾萬踰嶺來圍故兵丁二小隊與日兵合勢赴援腹背擊退初九日賊徒轟砲搖旗勢甚猖獗使瑞山郡守成夏永廝殺賊多被死奪據賊둔搶取軍物匪徒四散獸竄所獲軍物成冊上送爲辭矣軍物實數別單以入事又啓曰即見先鋒將李圭泰十一日所報經理廳副領官洪運燮砲殺

四五漢賊徒遠遁所獲軍物成冊上送爲辭矣軍物實數別單以入事 答曰知道

十七日

謝恩錦陵尉朴泳孝右承宣金甲洙左部承宣尹相衍0農商衙門大臣嚴世永上疏大개敢控病實冀蒙 恩諒事

官　報　　開國五白三年十一月十七日

答農商大臣嚴世永疏曰省疏具悉所請依施0傳曰前

承旨徐光範職牒還授仍爲蕩滌敍用0議政府啓曰唐

津縣監尹寓善以軍器見失向有淸梱論罷而卽見湖沿

招討使李勝宇馳啓則該倅治效旣著吏民願借請特爲

仍任矣羣情胥切惜去曠務亦屬可悶唐津縣監尹寓善

特令戴罪擧行何如　傳曰允又啓曰度支協辦韓耆東

法務協辦李健昌在外並改差何如　傳曰允又啓曰警

務使許璡以巡撫中軍職務相妨今姑改差何如　傳曰

允又啓曰卽見宮內府草記則因全羅假都事狀啓

慶基殿令金東錫猝當匪擾隻身遮護團束衛卒傾俸撫

恤合有獎用請令廟堂稟處矣冒危衛護忱誠可嘉

慶基殿令金東錫施以陞敍之典何如　傳曰允又啓曰

黃?縣監宋昌老平澤縣監李鍾郁懷德縣監李圭瑞報

恩郡守李奎白沃川郡守金東敏以軍器見失事向有淸

梱論罷而卽見該道臣所啓則各邑失械容有叅恕此時

曠務極涉疎虞上項五邑守令依狀辭並特令戴罪擧行

何如　傳曰允又啓曰順天府使李秀洪在道遇賊被執

重傷扶昇上京呈狀乞遞有難强責還任改差何如　傳

曰允0海伯書目賊黨接主閔元長閔景淳李濟石等三

漢大會軍民梟首警衆事又書目軍器見失之文化縣令

徐九淳平山府使李彰烈罷黜龍媒僉使田斗奎旣已遞

職基罪狀並令該衙門稟處事0 錦伯書目不遵調度擅

離官守之藍浦縣監鄭樞澤罷黜基罪狀令?司稟處事

0議政府按撫使(落點)李奎遠李鍾承任商準全羅右水使

(落點)權鳳圭趙義昌李建鎬果川縣監金思濬昌寧縣監朴

用懋殷山縣監李秀敦

　　　十八日

謝恩沁營文案金益弘0工務衙門大臣徐正淳上疏大

槩洊陳情病之實冀蒙遞改之 恩事

官　報　　開國五百三年十一月十八日

議政府啓曰文化縣令徐九淳平山府使李彰烈以軍器
見失道啓論勘矣固當如法罷拿而此時邑守之勘處間
曠務極涉疎虞並特令戴罪擧行何如　傳曰允又啓曰
順天府使既啓遞矣此時湖南守宰不可暫曠軍務協辦
白樂倫差下使之不日下送何如　傳曰允又啓曰卽見
嶺伯電報請判官仍任矣營下獎局在所當念大邱判官
池錫永特爲仍任晉州牧使之代金海府使許?移差使
之便道卽赴昌寧前縣監趙秉吉亦令還任何如　傳曰
允0答工務大臣徐正淳疏曰省疏具悉所請依施0統
衛使李埈鎔上疏大槩洊控必辭之義冀蒙亟遞之　恩

事0摠禦使李鳳儀上疏大槩虛縻重任敢陳披瀝之懇
冀蒙亟遞之　恩事0以司謁口傳下敎曰錦陵尉既已
復?矣永惠翁主房折受依定式還給第宅亦令買給事
分付度支衙門0傳曰奉審大臣入侍0傳曰有實故侍
講許遞前校理金奎馨差下0傳曰　景陵酌獻禮時獻
官以下別單書入而　陵官一體書入0宮內府啓曰職制
業經變通矣冗員亦宜減省開城府分奉常寺主簿直長
並依奉常寺例以主事差下分敎官分監役並減下事傳
曰允0巡撫營僉知中樞院事李敏變趙國顯李起俊洪
必裕前僉使柳肯秀前副護軍鄭圭赫前宣傳官柳錫觀
前僉正姜弼魯出身申一均李炳瑞並別軍官差下前守

奉官愼寧國前主事李鳴善並參謀士差下0軍務衙門

摠禦哨官尹泳淑改差代李重熙李完鎬改差代安命承

0宮內府 慶基殿祭奉李玄澍 肇慶廟令李鶴林林

百洙 麗顯陵參奉王彦鑄0議政府判中樞院事嚴世

永同知中樞院事韓耆東李健昌許璡僉知中樞院事徐

光範

　　　十九日

謝恩右副承宣盧泳敬經理廳參領官趙義聞東萊府使

鄭寅學全羅右水使權鳳圭0左贊成李裕承上疏大槩

職旣虛糜病又難強敢陳衷懇冀蒙 恩諒事

官　報　　開國五白三年十一月十九日

答左贊成李裕承疏曰省疏具悉所請依施0議政府啓

曰報恩處在嶺湖之交隨機防堵不容虛徐該郡守李奎

白助防將差下何如　傳曰允0北伯書目甲山府使朴

喜聖持心鄙瑣專事貪饕爲先罷黜基罪狀令該衙門稟

處事0錦伯書目槐山郡守朴容奭呈狀乞遞不得已罷

黜事0海伯書目軍器見失之長淵府使鄭暢鉉長壽別

將재奎榮首陽別將金昌鼎並爲先罷黜基罪狀令該衙

門稟處事0議政府判中樞院事徐正淳僉知中樞院事

李秀洪中樞院員外郎徐丙祜　　二十日

謝恩按撫使李奎遠

官　報　　開國五白三年十一月二十日

藥房日次問　安　答曰知道　王大妃殿氣候一樣

中宮殿氣候安順卿等不必入侍矣0議政府黃海兵使

李容觀身病改差0宮內府相禮李範翊　永禧殿令閔

廷植　孝昌園守奉官全在鶴司禦金東熙開城府奉常

主事朴懿鎭鄭柔變　崇仁殿參奉金應漢　崇靈殿祭

奉林益敬0議政府金海府使李奎大甲山府使鄭義淳

槐山郡守安昌烈藍浦縣監閔景勳0宮內府營繕主事

林百洙遷轉代　康陵參奉李建鎔差下0傳曰右副承

宣許遞僉中樞申炳休差下右副承宣申炳休0傳曰侍

講有闕之代前校理閔象鉉差下0僉知中樞院事李胤

鍾上疏大槩敢控沐浴之義乞降　處分事0議政府啓

曰來乙未年曆書方以開國紀年刊行矣自今冬至　廟

社　殿　宮各　陵　園祭享祝式並依此釐正祝文中

亦爲添措語告由事令宮內府擧行何如　傳曰允

　　　　二十一日

都憲金學洙上疏大槩職旣虛療病又難强敢陣衷懇冀

蒙　恩諒事0慶尙右兵使書目東徒柳孝淳金得賢梟

首警衆事0議政府判中樞院事李裕承

保護淸商規則

淸朝　兩國現在廢絶和約所有和約作爲廢棄惟淸民在

　　朕之土地得安居樂業者洵出

　　朝鮮政府惠政之賜也

　　朕現爲在

　　朕之國內淸民비得住居樂業

　　俯准章程着辦布開辦

　　　所有保護淸民在朝鮮國內居住營生章程開列

　　于左

第一條　淸國人民書限漢城城內泊仁川釜山元山三

　　港准可居住安分營生

第二條　淸民居住前項區書內須先將該民姓名居住

　　地名營何生業等項稟報朝鮮各該地方官請領准

　　可爲要

　　淸民轉居更業者須更請准可如其轉居必要請領

　　居住地方官保結限三日內稟報新到地方官稟請

　　錄下

第三條　淸民營生于朝鮮國者及運貨進入朝鮮國者

　　全要安穩無害戰仗要需及其他有害于目下朝鮮

　　治平者擧不得運入發售爲嚴辦此項章程相應督

　　飭警務海關各廳俾擧實施之效

第四條　淸民現己居住朝鮮國願沾前項德澤者本章

程施行限三十日准第二條所定辦法遵辦日後到
境之清民除業經在朝鮮國內開有舖面或有他項
產業復歸營生並且能出現已在朝鮮國有產業之
結實舖東舖保者准廳再營基生外概不准沾得此
項章程所定德澤
清國人民業經允可入境者上岸後限二日四十八
時鍾內必須稟報該口地方官錄下
第五條 清民來往京城仁川間無論水旱兩路准廳基
便惟不准進入內地若有產業貨物從前存?內地
自朝鮮政府酌量發給護照將該產業貨物等類准
基收回

第六條　在境清民敢違前項各條未經遵辦者朝鮮政
府自有拘致投獄照律處分或逐出境外之權
第七條　前項各節無有妨礙軍衙所定約束清民之各
章程按照該章程軍務各官弁如有認定清民滋生
事端而害朝鮮國平安或有所爲可疑者隨時拘拿
送交朝鮮政府詰問明白或處罰或乑出境外罪將
如何是定
第八條　凡在境內清民全歸朝鮮政府統轄所有清民
犯罪應廳朝鮮政府裁斷處分清民相告或朝民清
民互相控告朝鮮政府亦有聽訟執平之權
第九條　此項章程自頒布之日遵照開辦

官　報　　開國五百三年十一月二十一日

謝恩右副承宣申炳休0答都憲金學洙疏曰省疏具悉
所請依施0答統衛使李埈鎔疏曰省疏具悉所請依施
0答摠禦使李鳳儀疏曰省疏具悉所請依施0以　仁陵
景陵攝行酌獻禮時獻官以下別單　傳曰　仁陵獻官
義和君堈內下大豹皮一領賜給大祝黃弼秀加資祝史
徐殷淳陞敍齋郎李潤相陞六0　景陵獻官領中樞院事
鄭範朝內下大豹皮一領賜給大祝徐丙祜加資祝史李載
徹陞叙齋郎李範八陞六0議政府同知中樞院事李容
觀僉知中樞院事廬泳敬0錦伯書目沃川郡守金東敏
今十六日身死事0海伯書目賊黨白信培梟首事又書

目軍器見失之水使具然八爲先罷黜基罪將令廟堂稟
處事又書目軍器見失之延安府使李啓夏爲先罷黜其
罪狀令該衙門稟處事又書目匪類接主趙海增等梟首
事0經筵廳啓曰侍講閔象鉉在外上來下諭事　答曰依
啓0巡撫營啓曰卽見先鋒將十五日所報則出陳領官
李斗璜牒呈內十一日到維鳩捕得匪類千餘名覈其巨
魁崔漢圭等二十七漢結果餘黨念其罔治嚴懲放釋且
大興邑捉得匪類十九漢並卽結果事

勅令第一號 朕裁可公文式制使之頒布從前公文

頒布例規自本日廢止承宣院公事廳並罷之

開國五百三年十一月二十一日

大君主　御押　御璽奉　勅總理大臣金弘集

　　　　　　　　內務大臣

　　　　　　　　外務大臣金允植

　　　　　　　　度支大臣魚允中

　　　　　　　　學務大臣朴定陽

　　　　　　　　軍務大臣

　　　　　　　　法務大臣

　　　　　　　　工務大臣

　　　　　　　　農商大臣

勅令第二號 朕當御正殿視事惟爾臣工勗哉條例由

政府議定以入

　　　　奉　勅總理大臣金弘集

　　　　　　　　內務大臣

　　　　　　　　外務大臣金允植

　　　　　　　　度支大臣魚允中

　　　　　　　　學務大臣朴定陽

　　　　　　　　軍務大臣

　　　　　　　　法務大臣

　　　　　　　　工務大臣

農商大臣

勅令第三號 朕以冬至日率百官當詣 大廟誓告我

獨立釐政事由次日當詣 太社

奉 勅總理大臣金弘集

內務大臣

外務大臣金允植

度支大臣魚允中

學務大臣朴定陽

軍務大臣

法務大臣

工務大臣

農商大臣

勅令第四號 命朴泳孝爲內務大臣趙義淵爲軍務大

臣徐光範爲法務大臣申箕善爲工務大臣嚴世永爲農

商大臣李重夏爲內務協辦李完用爲外務協辦安駉壽

爲度支協辦高永喜爲學務協辦權在衡爲軍務協辦鄭

敬源違法務協辦金嘉鎭爲工務協辦李采淵爲農商協

辦尹雄烈爲警務使

奉 勅總理大臣金弘集

勅令第五號 扈衛副將統衛使壯衛使摠禦使經理使

並減下所隷將卒及禁軍武藝別監別軍官前親軍營吏

隷等內待令者令軍務衙門照法編制

奉 勅總理大臣金弘集

勅令第六號 機務處議員並減下設中樞院會議官制

章程自議政府商定施行

奉 勅總理大臣金弘集

勅令第七號 從前儀式之稍涉浮文者一切節省務期

?當

奉 勅總理大臣金弘集

勅令第八號 命原任議政大臣金炳始爲中樞院議長

趙秉世爲左議長鄭範朝爲右議長

奉 勅總理大臣金弘集

官　報　　開國五白三年十一月二十二日

謝恩軍務衙門大臣趙義淵警務使尹雄烈0宗伯府前

判書金益容今十一月初九日卒逝

　　　　二十三日

謝恩殷山縣監李秀敦古阜郡守尹秉順天府使白樂倫

金海府使李奎太

勅令第一號 朕裁可公文式制使之頒布從前公文
頒布例規自本日廢止承宣院公事廳並罷之
開國五白三年十一月二十一日
大君主 御押 御璽奉 勅各大臣
　公文式
　　　第一條 公文式
第一條 法律勅令以 上諭公布之
第二條 法律勅令自議政府起草又或各衙門大臣具
案提出于議政府經政府會議擬定後自總理大臣上
奏而請 聖裁
　但法律勅令之不要緊急者自總理大臣可諮詢于

　　　中樞院
第三條 凡係法律及一般行政之勅令 親署後鈐
御璽總理大臣記入年月日與主任大臣共行副署其
屬各衙門專任事務者主任大臣記入年月日副署之
第四條 總理大臣及各衙門大臣在法律勅令範圍內
由其職權或由其特別委任而爲行法律勅令與保持
安寧及秩序得發議政府令及各衙門令
第五條 警務使及地方官係其管內行政事務遵依職
權若特別委任在法律命令範圍內得發警務令地方
官令于其管內一般或一部
第六條 警務令地方令在內務大臣其他主任大臣認

爲害公益違成규犯權限則當使之註銷或中止

第七條 議政府令總理大臣發之衙門令各衙門大臣

發之

第八條 議政府令記入年月日總理大臣署名

第九條 衙門令記入年月日主任大臣書名

第十條 警務令記入年月日警務使書名

第十一條 地方令記入年月日地方官署名

第十二條 凡係各官廳一般所關규則經議政府會議

而施行各廳서務細則其主任大臣定之

第十三條 總理大臣各衙門大臣達於其所管官吏及

屬於其監督之官吏訓令亦依第八第九第十二條之

例

第十四條 法律勅令總以國文爲本漢文府譯或混用

國漢文

第二 布告

第十五條 凡係法律勅令以官報布告之

其施行期限依各法律命令之所定

第三 印璽

第十六條 國쇄宮內大臣菅藏之

第十七條 法律勅令 親署後鈐 御璽

第十八條 國書條約批準外國派遣官吏委任狀在?

各國領事証認狀 親署後鈐國璽

第十九條 勅任官任命則鈐 御璽於辭令書奏任官
任命則鈐 御璽於其奏呈書

官 報 　　開國五白三年十一月二十三日

議政府判中樞院事申正熙同知中樞院事金明圭成岐

運金學洙僉知中樞院事尹相衍金甲洙申炳休黃弼秀

徐丙祐O謝恩軍務衙門協辦權在衡工務衙門協辦金

嘉鎭

勅令第一號 從前承宣院擧行之無涉政令者姑令宮

內府辦理

開國五白三年十一月二十三日

大君主 御押 御璽奉 勅宮內大臣李載冕

宗伯府啓曰冬至日率百官當지 太廟次日當詣 太社

事 命下矣 王世子祇迎及隨 駕之節依例磨鍊事

勅曰依例磨鍊祇迎置之O宮內府啓曰從前儀式之稍

涉浮文者一切節省務期?當事己有 成命矣 太廟

動駕時諸般儀節從以裁省而自臣府有不敢擅便 上

裁何如 勅曰自本府叅酌磨鍊O死罪臣徐光範上疏

大槩?擘山積 恩造天大敢暴剠瀝之剠乞被鈇鉞之

誅事

二十四日

謝恩農商衙門大臣嚴世永協辦李采淵學務衙門協辦

高永喜度支衙門協辦安駉壽法務衙門協辦鄭敬源

慶基殿叅奉李玄澍甲山府使鄭義淳O下直金海府使

李奎大順天府使白樂倫

官　報　　開國五白三年十一月二十四日

勅命徐丙勳爲黃海兵使0總理大臣臣金弘集奏任漢城

府尹柳正秀長淵府使尹亨大奉　旨依允又奏任黃海

水使具然八以軍器見失事道啓請罷而此時梱師之遞

易誠涉疎虞特令戴罪擧行何如奉　旨依允又奏內

務大臣未肅拜臣敢제奏慈山府使金永鎭珍山郡守申

梜金化縣監吳應善俱以身病呈狀改差何如奉　旨依允

又奏湖南剿匪事務方劇新差古阜郡守尹秉召募

使差下何如奉　旨依允0軍務大臣臣趙義淵奏任領官

三單柳爀魯李圭完申應熙隊官鄭勳敎奉　旨依允0

勅曰　祭享時奉審摘奸與監祭並令獻官兼行後書奏

奉　勅宮內大臣李載冕0宮內大臣臣李載冕奏任

景慕宮令金益慶　仁陵令李潤相　景陵令李範八奉

旨依允又奏　宮內府官制釐正之前春秋館官員姑

爲依前供職奉　旨依允0都憲李泰容上疏大槩職悚

虛縻情切歸護冒控衷懇冀蒙　恩諒事弼善李蓍宰上

疏大槩敢陳切迫之私冀蒙　恩諒事

二十五日

謝恩內務衙門大臣朴泳孝　景陵令李範八0下直古阜

郡守尹秉殷山縣監李秀敦

官　報　　開國五百三年十一月二十五日

藥房日次問 安 答曰知道 王大妃殿氣候一樣

中宮殿氣候安順卿不必入侍矣0答法務大臣徐光範疏

曰省疏具悉往事已燭其無他卿勿過引卽爲肅命0答

都憲李泰容疏曰省疏具悉所請依施0答弼善李著宰

疏曰省疏具悉爾其勿辭往護0嶺伯書目河陽縣監李

敎英身病罷黜事0錦伯書目連山縣監李秉濟虎在衝

卩政失疲軟不得已罷黜事0謝恩法務衙門大臣徐光

範0巡撫營草記卽見先鋒將所報則別軍官催日煥偵

探巡剿之際稷山巨魁黃聖道等四名次魁金春日等二

名鎭川匪魁朴明叔等二名梟首木川匪魁崔昌奎等二

名公州匪궈池命石等二名並結果公州達洞接主張俊

煥潛欲設包而前五衛將李象萬率丁捉納故仍卽梟首

後念其激勸自本陳施賞所獲軍物成冊上送事又草記

卽見先鋒將今十八日所報則統衛營領官張容鎭牒報

今十五日與壯衛陳及日兵三路進兵於魯城烽燧峯下

砲殺匪類追擊悐山大村高峯兩處砲射甚衆奪據賊屯

餘賊奔竄於湖南界壯衛營領官李斗璜一時牒報內進

兵魯城猝遇恩津黃華臺屯賊卽孤隊官尹喜永等分作

疑兵領官率兵直抵擊殺洽爲三百名夜抵定山捉得匪

類十名結果所獲軍物成冊上送事0明日出 宮正時

午正三刻門路以神武門北墻門爲之內門路以雍和門

爲之宮內府奉 旨0宮內府大臣臣李載冕奏任相禮

徐相肅奉 旨依允0全羅兵使書日本營捉得東徒巨魁

方理準梟警金京學閔丙斗尹柱元尹戶三等四漢各嚴

棍十五度放送事0謝恩領官李圭完申應熙柳爀魯隊

官鄭勳敎

二十六日

謝恩漢城府尹柳正秀相禮徐相肅0冬至問 安 答曰

知道0明日出 宮正時午正三刻宮內府奉 旨

官　報　　開國五白三年十一月二十六日

勅令 朕有所愼 廟 社誓告當卜日退行(宮內府)0巡

撫營草記賊徒聚散無常先鋒將李圭泰左先鋒差下壯

衛營領官李斗璜屢有戰功右先鋒差下使之分路剿補

何如奉 旨依允0宮內大臣秦卽據 禧陵冬至祭獻

官尹起晉書秦大祝本陵僉奉韓哲洙初不待令至有

代行之舉挨以 祀典寔屬驚奇其罪狀令該衙門拿勘

何如奉 旨依允0藥房口傳秦臣纔於承 候時仰瞻

面部有風火之證下情不勝憂慮亟許臣等率醫官入診

詳察證 候議定當進湯劑爲宜 答曰知道 消散之劑當

自內爲之不必入侍矣0議政府同知中樞院事李泰容

二十七日

謝恩 景慕宮令金益慶0侍講金奎馨上疏大槩舊愆

方訟新除遽降敢陳危懇之私冀蒙鐫斥之 恩尾附?

說以備荃廳事

官　報　　開國五百三年十一月二十七日

答侍講金奎馨疏曰省疏具悉往事何必爲引爾其勿辭
察職尾附事當■念矣○答判中樞院事李承五疏曰省
疏具悉卿其勿辭行公○侍講院右賓客鄭基會上疏大
槩敢控病實冀蒙見職遞改之　恩事○藥房口傳奏夜
間諸節益臻康復乎昨日請診未蒙　允兪區區下情達
宵焦迫此時診察議定當劑不容少緩伏乞亟許臣等率
醫官入診千萬顒祝惶恐敢奏　答曰知道今日諸節一
如昨日而湯劑已自內議定不必入侍矣　　二十八日
謝恩黃海兵使徐丙勳○下直東萊府使鄭寅學甲山府
使鄭義淳全羅右水使權鳳圭

公山剿匪記

利仁之役

巡撫先鋒將李圭泰十月上旬自京發程至天安旬■數
日以待日兵齊會將赴公州而或言木川細城之賊爲腹
心之憂不如先伐木川或言各處匪類雖甚猖獗而當以
湖南之全琫準爲互擘其衆爲屢萬且有洋砲洋鎗曾經
攻陷全州城者也月前已到恩津其黨布列魯城邑及公
州之敬川店侵犯錦營非朝卽夕若錦營一擾則湖西全
省便非我有也不如先救公州各■一說正在商量間忽
聞竹山府使李斗璜自淸州報恩轉赴公州之路乃折而
北行破細城之賊又自錦營連派軍官請援於先鋒陣而

以日兵之故行止尙未確定是時賊勢漸熾三路並進而
公州營下只有經理廳四小隊兵及日兵百人而已九月
二十二日夜三更監司忽發軍令明曉出征敬川利仁是
夜冷雨濛濛正愁行軍二十三日曉天晴無塵監司晨出
將臺分送令箭令旗招瑞山郡守成夏永安城郡守洪運
燮經理領官具相祖等而叅謀官具完喜早已率兵等候乃
分調各軍具完喜率巡兵四分隊成夏永率經理兵一小
隊日本小尉鈴木彰自率其兵向利仁去洪運燮具相祖
各率一小隊往孝浦■陣右營將李基東及經理隊官白
樂浣■駐錦江津及山城隅白樂浣又渡江巡閱晚後捕
提游匪十數人而歸是午牛金峙把守軍報稱利仁近處砲

聲忽起又有大砲數聲營下人心驚懼異常忽有人飛告賊
兵自鳳凰山後潛來方渡熊津監司發令旗招利仁兵還營
成夏永等到利仁望見揷旗如林賊兵充塞乃與日兵官約
曰我等旣到此若退一步彼必長驅直入不如一場鏖戰成
夏永兵繞山南麓放砲吶喊直█其前日兵自北登山繞樹
隱身鳴砲相應具完喜先破南月村所屯之匪遵大路而
入合兵三面連放逐北賊兵走登翠屛山官兵入據利仁
驛賊連放大砲但無丸有聲矣日已向晚忽見令旗遂卽
回軍日兵在前經理兵在中巡營兵在後可惜監司不諳
兵事忽聞虛傳遽送今旗招還臨陣之兵而日兵擬明日
還京不欲經夜且賊已登高自平原仰砲勢難持久矣

官　報　　開國五百三年十一月二十八日

謝恩長淵府使尹亨大謝恩後仍爲下直〇答右賓客鄭
基會疏曰省疏具悉卿其勿辭行公〇藥房口傳奏昨伏
承　諸節一如昨日之　批旨尤不勝焦迫之至而夜間
聖候稍有勝度乎非不知湯劑之自內連　進而其在臣
等情私道理率醫官入診詳察證候議定當劑恐不可緩
亟賜　允兪千萬顒祝惶恐敢奏　答曰知道諸節比日
昨少減而面部與體上尙緊風熱之祟自內多方調治不
必入診矣

　　　　二十九日

謝恩侍講金奎馨　肇慶廟令李鶴林

孝浦之戰

利仁兵旣解歸合白樂浣兵駐守經夜是夜賊█已到敬
川竟夕鳴砲殷殷如雷平明錦江津船格來告曰孝浦█
陣兵曉頭乘月渡江去了日本少尉雖屢言挽█而云有
期會遂於早朝北上人心洶洶無所依賴騷訛大作莫可
按住辰刻烽臺烟起報賊兵大至知孝浦無備如入無人
之境成夏永與隊官尹泳成及白樂浣飛上孝浦後嶺分
據高峯向下砲擊賊銳少挫乍進旋退自辰至酉九飛烟
漲雨灑雲暗相持未決舒川郡守柳冀南適在營下持監
司傳令急往請援於先鋒陣鎭岑縣監李世卿徒步而往
先鋒將於二十三日自天安發至廣亭宿二十四日以毛

老院排站本擬卄五日抵錦營乃催行李黃昏渡錦是時
監司在烽臺下督戰舒傳來告先鋒已到稍慰軍心又有
人報洪運爕往破大橋賊而歸衆大歡喜大橋在孝浦東
北二十里匪類所稱永沃包者與南匪句連將欲夾攻詎
意官軍突來擊之乃大驚狼貝而走聚於南匪云方先鋒
之渡江也駐柴津頭日本大尉森尾亦率百餘兵到本府
駐宿是夜賊壘火光相映數十里人山人海幾比恆河沙
數乃分送洪具所領之兵距守牛金峙卄五日早朝日兵
亦上熊峙賊酋揚着紅蓋乘着大轎由南路直上勢如潮
漲日兵官軍同時連砲聲振山谷血戰數時死傷甚衆彼
乃退屯故壘方其退也連發砲響作欲前之勢賊酋已收拾

登山而去日兵官見之以爲彼亦有知兵者云成夏永白
樂浣等追至賊壘奪回大砲及軍器適自統衛營■駐處
告急請援白樂浣遂至錦津與統衛兵官申昌熙等力戰
一次賊兵避走趄至平原仍復吹號收軍是夜賊兵向南
遁去中丸途斃者狼藉山谷間是役也日兵傷者一人而
候耽至金鶴洞爲流丸所擊傷右趾右營將李基東督率
士兵左右策應其勞苦不怠有足多者焉

官　報　　開國五百三年十一月二十九日

宮內大臣奏　東明王陵令尹泰中祭奉李斗燦〇藥房

口傳奏昨日　批旨伏承比昨少減之敎雖切伏幸風熱

尙緊調治多方可以仰揣證候之尙遲顯勝不任焦灼憧

憧之至伏不審夜來　諸節漸向康復區區下情轉益憂

慮若湯劑專試消散則眞元易致斯損及今入診議定諸

補之劑尤不可忽亟許臣等率醫官進接詳察諸證千萬

顒祝惶恐敢奏　答曰知道面部諸節漸臻勝度而兩眼

與體上風熱之祟尙苦搔癢現甚內消外治自內議定不

必入診矣〇巡撫營草記卽見先鋒將李圭泰所報則今

十一月初五日敎導所領官李軫鎬牒呈內隊官李謙濟

率兵丁一隊與日兵自靑山轉向沃川等地數萬匪類逢

輒撕殺砲死洽爲三百名生擒五十漢中首魁徐道弼等

九漢仍卽砲殺接司李晩學等三漢牢囚本陣三十八漢

俱是被脅曉諭歸化所奪軍物邑多空虛恐有後患並破

碎鎔化爲辭矣敢啓　答曰知道

三十日

謝恩開城府奉常主事朴懿鎭鄭柔燮營繕主事李建鎔

牛金之師

自卄五夜賊退之後偵騎四發杳然無蹤居數日有人自
恩津來言賊兵復聚諭山招集餘黨並乞援於入據完山
之金介男合力再擧又數日訪事人連報賊兵漸向魯城
及公州敬川登山運米並設砲臺是時營下所■之兵爲
統衛二小隊經理四小隊十一月初三日先鋒與日兵官議
分兵爲三一住阪峙一住利仁一住營下每二日換隊輪回
初入日阪峙駐防之具相祖利仁駐防之成夏永等並報
賊勢漸迫不可以孤軍分住先鋒乃令還集營下利仁兵
未及回陣爲賊所圍利利仁地勢三面皆山只開一面賊兵
約登山後一時擧火轉瞬間便成一座火城官兵放砲環

攻殺賊無數官兵亦傷一人乃止砲數刻由平原一路潛
出天暗雨零平明乃覺之日兵官森尾夜登牛金最高處
■屯統衛隊官吳昌成屯金鶴洞經理領官具相祖屯陵
峙統衛領官張容鎭屯烽臺成夏永自利仁脫歸屯牛金
峙白樂浣在利仁殿而未歸方議送援解圍以防守吃緊
不遑分兵夜深乃至一軍相慶仍屯牛金之大蹲峯營將
李基東屯周峯卽鳳凰山之後峯也賊兵環繞三面首尾
可三十里如常山之蛇擊之則應由孝浦能峙等處蠢動
作直入之勢而其意常在牛金也知牛金嚴防又轉向周
峯矣犬蹲兵擊却之周峯兵鳴砲相應乃在牛金開仗成
夏永獨當其衝勢不可支日兵官乃分軍排至牛金犬蹲

之間羅立山脊一時齊放復隱身山內賊欲踰嶺則又登
脊齊發如是者爲四五十次積尸滿山官軍列於日兵之
間發丸不差日兵亦稱其能賊又退據對面稍遠之岸上
以避山脊放下之丸官兵數十人乃下山以小岡爲障潛
伏發砲向對岸之賊箇箇命中賊欲進搏則又畏山脊之
丸乃棄壘波奔官兵大呼逐之收其大砲軍器旗幟六十
餘竿日大尉與經理兵五十人追到十數里賊已遠揚矣
是役也官兵土兵各傷一人牛金一面之賊雖退而東南
諸峯結陣之賊尙屹然不動惟在彈丸不到之處只與官
軍應砲相守賊又掛書嘲罵十一日能峙駐防之兵脫其號
衣以巾裹頭攀援而登賊認爲同類而不疑及到面前驀

地一聲流丸如雨賊乃驚散又奪大砲及鉛丸數萬顆各
峯據守之賊亦稍稍散去乃撤防休兵只令土兵駐守瞭
望李斗璜自洪州赴援聞賊已退往駐利仁爲犄角之勢
矣

官　報　　開國五百三年十一月三十日

藥房日次問　安　答曰知道　王大妃殿氣候一樣

中宮殿氣候安順卿不必入侍矣〇又口傳奏昨伏承風

熱尙苦搔癢現甚之　敎遠宵憧憧五內焦灼而請　診

屢勤　兪音尙邈由臣等格上之誠終有所未盡在　聖人

體下之情亦不能無憾內消外治尤係審愼政宜博詢諸

醫對證投劑玆敢冒悚更籲伏乞亟賜　召接焉惶恐敢

奏　答曰知道面部浮紅之氣快臻勝度而爾眼風熱之

証全體搔癢之苦與昨一樣兼有滯祟內以湯劑外之塗

洗自內亟治不必入診矣〇副司果金鳴漢上疏大槩敢

陳愚衷冀蒙採納事　　　　　　十二月一日

官　報　　開國五百三年十二月初　日

藥房口傳奏　玉度訏和已有多日而職忝保護未蒙一

診滿心憂■靡所止屆謹奉昨日　批敎仰揣　聖候則諸

證一向交苦元氣受瀉而痿滯祟乘虛而肆此時對投不

可使一二醫妄議也審矣臣等焦慮經夜又未審諸節顯

勝尤不任憧憧亟許率諸御醫入診廣詢確定千萬顒祝

惶恐敢奏　答曰知道夜間全體搔癢眼部風熱尙無差

度已自內調治不必入診矣

初二日

工務叅議王濟膺宋憲斌金銀銅煤等礦脉巡視檢定後

入來

官　報　　開國五百三年十二月初二日

藥房口傳奏人子侍父母之病診不暫離藥必先■人昆
之於事君亦然況臣等俱以保護之任値　聖候愆和之
日証形著表而每承不必診之　敎調治由內而恆切未
得■之歎如臣不肖固不能盡其職而以　聖上止慈之
仁恐不當若是其疎外也昨又承　批眼熱體癢尙無差
度區區下情轉益焦灼夜來諸節果有勝度乎伏乞曲諒
微忱亟許入對千萬顒祝惶恐敢奏　答曰知道○內醫
院都提擧義和君奏今伏聞入診醫官之言　脉候縱臻
勝度而風熱尙緊餘祟搔癢終遲快差湯劑以加味消風
散議定矣一貼今方煎入外塗以蕉汁加牛黃調進而區

區下情一倍焦灼臣等職忝■藥不敢據退私次自今日
本院並直之意敢奏　答曰湯劑製入並直置之又奏旣
承　批旨雖不得並直而在臣等情理終不敢退歸私次
本院輪直之意敢奏　答曰輪直亦置之○東伯書目軍
器見失之旌善郡守金蘭圭爲先罷黜其罪狀令攸司稟
處事○海伯書目軍器見失之殷栗縣監朴齊洪爲先罷
黜其罪狀令該衙門稟處事○嶺伯書目東徒柳孝淳金
得賢梟首警衆事又書目永川亂魁李承然鄭基碩梟首
警衆事○外務衙門協辦李完用上疏大槩敢陳私分必
辭之義冀蒙矜諒亟遞之　恩事

官 報　開國五百三年十二月初三日

藥房口傳奏昨日獲登前席仰瞻　聖候詳察諸證則眼

熱體癢一向無顯勝消風之劑連試恐非節宣之方愛日

之誠未勤尙遲復常之慶臣等憂慮愈久愈切義當不離

本院隨時入診對證投劑爲當然底道理積誠面懇竟未

獲准退伏私次憧憧不寐伏未審夜來　諸節漸向康復

乎亟許臣等輪回入直頻數賜對千萬顯祝惶恐敢奏

答曰知道諸節尙遲快勝湯劑依前方一貼製入輪直置

之○湖沿招討使書目匪魁崔東臣朴允一玉出崑文學

俊李炳浩金樂璉等大會軍民梟首警衆事○去九月十

九日議政府草記中濟州牧畢賑狀啓金膺柄等管下守

令待窠差送以作窠差送改付標

官　報　　開國五百三年十二月初四日

藥房口傳奏昨伏承　批旨仰認　聖候尙未顯勝臣等
焫灼之情去益憧憧湯劑有依前之敎而院直靳體下之
音憂慮之餘繼以抑█伏未審夜間　諸節若何時則隆
寒尤宜保嗇之道日以進御偏用消散之方或恐受損於
眞元所以遲復於常度亟宜率醫官入對更加詳診確商
當劑念聖人愼疾之義許臣等輪直之請區區伏祝敢奏
答曰知道諸節比昨別無快勝加味消風散一貼依前方
製入輪直置之○勅令　朕裁可陸軍將官職制使之遵
行 大將正從一品階　副將正二品階　叅將從二品階正領副領叅領正
尉以上三品副尉叅尉 以上六品階 正校副校叅校以上階外○勅命李

埈鎔爲駐箚日本全權公使○總理大臣奏黃海兵使徐
丙勳以其親病萬難赴任呈狀乞遞改差何如奉　旨依
允○勅命心寅澤爲海兵使○總理大臣外務大臣奏外
務衙門叅議有闕之代議政府主事趙重應陞三品差下
何如奉　旨依允○總理大臣奏任慈山府使具周鉉沃
川郡守金命洙珍山郡守吳榮錫金化縣監徐學淳河陽
縣監鄭晟儉連山縣監丁大緯旌義縣監金膺柄大靜縣
監蔡龜錫濟州判官李時英又奏延安府使李啓夏殷栗
縣監朴齊洪旌善郡守金蘭圭俱以軍器見失道啓請罷
而此時邑守遞易誠涉疎虞並特令戴罪擧行海西剿務
方劇延安府使李啓夏召募使差下何如奉　旨依允又

奏工務大臣申箕善時在忠淸道木川地令道臣申餘使
之卽速上來肅命何如奉　旨依允又奏卽見忠淸監司
朴齊純狀啓則公州淸風舒川等邑民戶之匪擾被燒數
甚夥然矣當寒棲屑民情矜慘不可無別般顧恤令道臣
就公錢中量宜分給各該邑使之結搆奠接俾無失所分
給數爻修成冊報來何如奉　旨依允○答外務協辦李
完用疏曰省疏具悉禮制固然時事艱棘旣有起復之命
今不必復事張皇斯速行公○兼大宗伯奏來乙未年正
朝　大殿　王大妃殿　中宮殿朝賀時　王世子進致
詞行禮之節依例磨鍊乎敢奏奉　旨權停○宮內大臣
奏任　順陵令沈在淑典牲主事安淇壽　徽慶園令李

萬沼　康陵叅奉李健承　元陵叅奉朴用厚　徽陵叅
奉柳汶秀
初五日
謝恩　孝昌園守奉官全在鶴○下直車嶺僉使安基駿

官 報 開國五百三年十二月初五日

藥房日次問 安 答曰知道 王大妃殿氣候一樣
中宮殿氣候安順不必入侍矣○巡撫營草記幼學具完
喜粲謀官差下使赴錦營前郡守李周承出身崔洛圭別
軍官差下前都事韓應俊前中軍朴鴻陽粲謀官差下並
赴湖沿招討使陣前效勞事又草記卽見先鋒將所報則
敎導所領官牒報內去十一月二十五日率一隊兵與日
兵一隊向金溝院坪遇賊數萬隊官崔永學拔劍當先殺
賊三十七名獲得回龍銃十柄鳥銃六十柄鉛丸七石火
藥五櫃子砲十坐刀鎗二百柄米五百石錢三千兩木十
同牛兩隻馬十一匹牛皮十張虎皮一領文書二籠並屬

日本陣我日兩兵一無傷損迫曛止宿羅州公兄文狀內
賊徒圍城故二十八日先鋒率統衛兵與日兵赴援事又
草記卽見瑞山郡守成夏永所報去十一月二十日自鴻
山發向舒川匪類幾千分屯吶喊躬率隊官等兩路挾攻
大破賊陣殺死不知爲幾百名四處伏兵擒殺夜遁賊幾
十名又捉金堤賊姜明善等十一漢臨陂賊金海龍等七
漢而結城前主事金聲鉉以單身捉納巨魁崔永大等四
漢並砲殺事又草記卽見湖沿招討使李勝宇所報則前
郡守李周承租五十石林廷學租二十石李東弼米四十
四斗前營將張定植租五十石牛一隻前縣監崔鳳煥葉錢
一千兩租五十石張基爕租四十石葉錢一百兩牛一隻尹

敬義葉錢五百兩趙重世米二百三十九斗表鳳錫租一
百石趙榮元租十五石前都正高鎭圭租三十石李根燁
米六十斗葉錢一百兩前監役金永年葉錢一千五百兩
鄭基學米二百四十斗葉錢三百兩前祭奉鄭敬好米二
百斗前學官李一憲米七十五斗葉錢一百兩前司果李
世熙葉錢一百兩進士金善圭租一百石幼學李根春葉
錢四十兩租二十石牛一隻全基俊牛一隻餠二石李曾
魯牛一隻金商欽葉錢一百兩兪炳爀葉錢一百兩酒二
石朴永弘租十石牛一隻銃一柄餠一石酒一石牟永裕租
十石林復來米一百斗葉錢二百兩牛一隻金周輔牛一隻
金基祚隻錢一百兩韓鼎錫牛一隻印相培米三十斗出

身李熙元謀錢一百四十兩玄德臣葉錢一百兩朴建培
米四十斗南耆元租十石牛一隻姜啓鉉租十石閑良金
正化葉錢七十兩金永化葉錢五十兩鄭正三租十石韓
千甫租十石高濟國米七十斗李信五米五十斗金翊朝
租二十石池裕景葉錢二百兩寡女張召史葉錢五十兩
各洞民人等葉錢三百五十兩租十一石米一千五百五
斗牛四隻瑞山前都正柳達源葉錢五百兩禮山幼學崔
聖朝租二十石結城吏廳牛一隻來納助餉外他酒食等
物一一分饋事〇藥房口傳奏　玉度聾和今旣浹旬湯
劑連進迄未奏效昨伏承　批旨　諸節尙無快勝之度
臣等尤不任憧慮伏未審夜間　諸節漸臻康復乎伏願

亟許臣等輪回入直率醫宮隨時入診詳察証候千萬顒
祝惶恐敢奏　答曰知道風熱進退無常今日晚後面部
又有搔癢寔屬苦惱加味消風散依前方一貼製入輪直
置之〇昨日總理大臣軍務大臣奏各營使今旣減下宿
衛將卒不可無領率之員軍伍編制後仍使該隊將官統
率入直何如奉　旨依允又奏監司■守兵水使新差後
發兵符傳授事啓目入徹係是舊■每每入奏恐涉煩屑
自今凡於新差後兵符使之按例傳授如奉　旨依允
初六日
謝恩外務衙門叅議趙重應慈山府使具周鉉

官　報　　開國五百三年十二月初六日
兼大宗伯奏來乙未年正朝朝賀時應行節目叅考前
例磨鍊依此擧行何如奉　旨權停例○完伯電報臘月
初二日沁營兵生擒賊魁金介南于泰仁地○淸梱書目
公州大田坪作變匪類李千岳等七漢及接司金應九等
大會軍民梟首警衆事○箕伯書目博川郡守申采熙兩
戴居官貪饕掊克爲先罷黜其罪狀令該衙門稟處事○
議政府同知中樞院事柳冀大趙載恆李弼永徐丙勳僉
知中樞院事李範昌趙國顯○藥房口傳奏昨伏承　批
旨風熱一向進退搔癢又添苦惱下情焦迫尤不勝憧憧
伏未審夜來　諸節漸向康復乎伏願亟許臣等輪回直院

率醫官入診詳■諸証議定當劑千萬顒祝惶恐敢奏
答曰知道諸節尙遲快勝湯劑依前方一貼製入輪直置
之○義禁司晉州營將朴熙房昌樂察訪金泰郁水原判
官沈能弼前惠郎朴受晚前敎官閔明植盈德縣令張華
植南原府使尹秉觀井邑縣吳學泳自現就囚
初七日
謝恩　元陵叅奉朴用厚　徽陵叅奉柳汶秀　孝陵叅
奉任駒鎬　徽慶園令李萬沼河陽縣監鄭晟儉黃海兵
使沈寅澤

官　報　　開國五百三年十二月初七日

藥房口傳奏昨伏承　批旨　諸節尙遲快勝區區下

情轉益焦迫伏未審夜來　聖候漸臻康復乎伏乞亟許

臣等輪回直院率醫官入診詳察諸証議定當劑千萬顒

祝惶恐敢奏　答曰知道面部風熱體上搔癢終遲快勝

湯劑依前方加升麻葛根各一錢一貼製入輪直置之〇

總理大臣軍務大臣奏卽見忠淸監司朴齊純狀啓則公

州剿匪時效勞之官弁軍校請褒奬之典矣匪類幾盡剿

除宜先激勸之擧公州營將李基東練勇防隘屢月不懈

許用邊地履歷帶率軍官具完喜屢次剿討未■失利崔

圭德李義俊玄映運尹魯善鄭昌朝營下前府使李鍾憲

躬冒矢石効力兵間崔圭德李鍾憲加資李義俊玄映運

陞叙調用具完喜尹魯善鄭昌朝郞階成給其餘軍校並

賞加兵卒自該營從厚施賞連飭各邑鎭另究除莠安良

之圖事分付何如奉　旨依允〇總理大臣內務大臣奏卽

見前按撫使閔種默狀本慶源府使金佐鳳捐俸修堞整

隊戢賊流戶還集田野自闢今當瓜熟衆民願借云矣茂績

旣著輿情難咈依狀請特爲仍任何如奉　旨依允又奏任

洪川縣監李近憲〇總理大臣奏向以關西六邑守令及

兵虞候擅離事狀令道臣詳査登聞後稟處事　允下矣卽

見平安監司金晩植狀本則擧各該邑首吏鄕供稱兵禍

壓境吏民迸散官長之擅離出於不得已云矣此不可俱

以吏鄉之招勘斷安州牧使金奎升身故平安兵虞候金
信默已爲勘處勿論肅川府使申德均寧邊前前府使任
大準成川府使沈相萬祥原郡守李國應江東縣監閔泳
純並今該衙門拏問處之何如奉　旨依允○內務大臣
奏今甲午年終漢城府九道五都獻民數十二月初一日
齊聚入啓自是定■而全羅道平安道江原道按撫營廣
州府濟州牧尙不來納未得入啓該道臣■守牧使並爲
推考警責關飭竣納待齊到添錄修啓何如奉　旨依允
又奏新差藍浦縣監閔景勳以前任木川縣監移差連山
縣監丁大緯以前任陰城縣監俱爲方在道內濟州判官
李時英旌義縣監金膺柄大靜縣監蔡龜錫家在本道並

使之除朝辭赴任何如奉　旨依允又奏茂朱府使尹泌
求漆谷府使南宮檍唐津縣監尹寅善俱以身病呈狀乞
遞並改差何如奉　旨依允○法務大臣奏肅川前府使
申德均蒼黃逃竄難逭當勘以此照律事啓目　允下矣
謹據律文杖一百私罪收贖告身盡行追奪奉　旨依允
功減一等又奏新寧前縣監閔泳悳有事先避難逭當勘
以此照律事啓目　允下矣謹據律文杖一百私罪收贖
告身盡行追奪奉　旨依允議減一等又奏星州前牧使
吳錫泳臨難苟避竟至失守井邑前縣監吳學泳需價濫
俸軍器見失南原前府使尹秉觀軍器見失雖在兼任難
逭當勘晉州前營將朴熙房潛出曠職欲免逃難盈德前

縣令張華植致有加下雖已勘納有難容恕以此照律何
如奉　旨依允〇軍務大臣奏任叅領申泰休正尉申應
熙李範來正尉餉官鄭鳳林副尉金有植申羽均趙觀顯
李祖鉉成暢基叅尉金興烈韓元敎權承穆李敏琭又奏
宣傳官林承翰邊錫周身病乞遞改差何如奉　旨依允
並陞六

官　報　　開國五百三年十二月初八日

藥房口傳奏昨日又伏承尙遲快勝之敎其在下情憂慮

煎灼愈往愈深伏未審夜來　諸節益臻康復乎在　聖人

當盡節宣之方在臣分益殫保護之道伏望亟許輪回直

院隨時入診焉惶恐敢奏　答曰知道夜間諸節比前日

內務衙門警務廳總巡金在定改差代尹定植○工務衙

門桃源察訪吳克賢罷黜代金基興利仁察訪金永濟罷

黜代具完喜　初九日

謝恩　麗顯陵叅奉王彦鑄　順陵令沈在淑○下直月

松萬戶金顯澤

官　報　　開國五百三年十二月初九日

藥房口傳奏昨承 批敎 諸節比前有勝度區區下情不

任慶幸萬萬而伏未審夜來 聖侯快秦康復乎連試消散

之劑或恐有損於眞元此時詳察諸證議定調補之方尤

不容少緩伏乞亟許臣等率醫官入診千萬顒祝惶恐敢

奏 答曰知道諸節稍有差度當自內調治入診置之0心

制臣李完用上疏大槩荐陳懇迫之私冀蒙體諒之 恩事

0議政府同知中樞院事洪萬植　　　　初十日

謝恩正尉申應熙李範來副尉趙觀顯申羽均金有植李祖

鉉成暢基正尉餉官鄭鳳林叅尉韓元敎權承穆李敏琡金

與烈摠巡尹定植0下直河陽縣監鄭晟儉按撫使李奎遠

官　報　　開國五百三年十二月初十日

藥房日次問 安 答曰知道 王大妃殿氣候一樣
中宮殿氣候安順卿不必入侍矣0勅令 朕以本月十二
日謁 太廟誓告次日詣 太社(宮內府)0藥房口傳奏昨
伏承 批敎證候稍有差度而湯劑尤愼當進此時率醫
入診不容少緩伏乞亟許臣等區區之願千萬顒祝惶恐
敢奏 答曰知道諸節快臻康復入診置之0宮內大臣
奏外太?寺?馬移付內寺而其郎官及員役皆令依前
擧行何如奉 旨依允0總理大臣內務大臣法務大臣
奏地方官制改定之先部內訴訟姑令漢城府尹聽理何如
奉旨依允0總理大臣內務大臣奏警務副使減下增置警

務官五員總巡十員使之部分職務而其繁劇之部置三品
警務官何如奉 旨依允又奏任三品警務官李圭完六品
警務官安桓仁川港警務官改差代崔鎭翰又奏外太僕
寺?馬移付內寺矣其廨舍作爲警務廳何如奉　　旨依
允0總理大臣奏卽見關西宣諭使趙羲一論列史治臧否
平安前監司閔丙奭六年施措則褊裨壅蔽朝搶攘而
脫身遠行並與印符下落無處辜負至此合有當律令該
衙門拿問勘處肅川前府使申德均順川前郡守徐廷喆
江東前縣監閔泳純寧邊前前府使任大準郭山前郡守
韓致愈祥原前郡守李國應楚山府使鄭春基旣請令該衙
門品處更無可論申德均李國應前有拿命而又有贓犯添

問目勘處定州牧使趙贇顯捐廩設店挪貸買牛惠洽軍
民譽播直路三和府使李敬器梟警亂民一境畏戢鳩聚
利械羣盜屏跡並許用水使履歷中和府使吳泰泳處殘
局而百弊賴整貿軍糧而萬金自비嘉山郡守洪淳旭支
放與修廨?歙而捐廩兩朔之間史民安堵並加資永柔
縣令趙東立積逋盡刷兼務善就孟山縣監南哲熙邑村
無警史懷民安並施以陞叙之典何如奉　旨依允0總
理大臣內務大臣奏任茂朱府使李倬唐津縣監朴用悳
0外務大臣奏任駐日本全權公使書記官李鳴善隨從
武官禹範善0軍務大臣奏各營門今旣合附于臣衙門
矣兵房與文軍司馬係是冗官並減下何如奉　旨依允

又奏卽接平安兵使權瀁鎭所報本營虞候之代以前五
衛將李熙斗自辟爲辭矣依此施行何如奉　旨依允0
法務大臣奏星州前牧使吳錫泳臨難苟避竟至失守難
逭重勘以此照律事　允下矣謹據律文杖一百私罪
收贖告身盡行追奪茂朱府流三千里定配係是流配不
付功議晉州前營將朴熙房潛出曠職喧譁肆氣難逭當
勘以此照律事　允下矣謹據律文杖一百私罪手贖告
身盡行追奪井邑前縣監吳學泳需價濫捧軍器見失難
逭當勘以此照律事　允下矣謹據律文杖一百私罪收
贖告身盡行追奪盈德前縣令張華植致有加下雖已勘
納難逭當勘以此照律事　允下矣謹據律文杖八十

私罪收贖追奪告身三等功減一等南原前府使尹秉觀

受由歸家軍器見失難逭當勘以此照律事 允下矣謹

據律文杖一百公罪收贖奉 旨依允又奏凡係大小罪

犯中如賊盜??干犯詐僞等罪之從前以笞杖徒流擬

斷者皆以懲役分等科治恐合時宜而條例細則謹當鱗

次奏聞奉 旨依允0答外務協辦李完用疏曰省疏具

悉膠守常制不念時艱屢疏籲懇臣分不當如是卽爲肅

命0完伯電報本月初九日全琫準生擒押上

　十一日

都憲朴容大上疏大槩職旣虛?病又難强敢陳披?之

懇冀蒙遞改之 恩事

勑令 朕裁可巡檢懲罰例使之施行(總理大臣內務大臣　法務大臣奉
　勑)

　　巡檢의懲罰ᄒᆞᄂᆞ例

第一條巡檢職務上의遇失은警務使가懲罰ᄒᆞᄂᆞ法을

　行ᄒᆞ미라

第二條懲罰ᄒᆞᄂᆞ法을　分別ᄒᆞ야四種으로　區定ᄒᆞ미라

　一譴責

　二罰金

　三降級

　四免職

第三條譴責은　警務使가譴責書를　付與ᄒᆞ며罰金은少

ᄒᆞ야도月俸百分의一에셔不減ᄒᆞ고　多ᄒᆞ야도一月

俸에셔不加ᄒ金額으로其等을分ᄒ며降級은一級
에一元俸을減ᄒ므로定ᄒ며免職은二年間을經過
아니ᄒ卽다시收用ᄒ지못ᄒ미라
第四條左의諸件을犯ᄒᄂ者ᄂ免職ᄒ며其罪狀이重大
ᄒ야刑律을犯ᄒᄂ者ᄂ刑罰을施ᄒ미라
一職務上에關係ᄒ야私ᄉ로히他人의贈遺를受ᄒ
ᄂ者
二上官의命令을奉行아니ᄒ고他人의指使를受ᄒ
ᄂ者
三職務에係關ᄒ야私ᄉ로히他人의請托을受ᄒᄂ
者

四故意로뼈不實ᄒ申告를行ᄒᄂ者
五職權을濫用ᄒ야人民의權利를侵害ᄒᄂ者
六下隷를指嗾ᄒ야人民의財産을掠奪ᄒᄂ者
七職務上의機密을漏洩ᄒᄂ者
八職權을借用ᄒ야私利를?營ᄒᄂ者
九怠慢ᄒ야職掌을曠廢ᄒᄂ者
十放蕩遊嬉를耽ᄒᄂ者
十一職務를行ᄒ기에恥辱이되는者
第五條降級罰金譴責은其犯狀의輕重을斟量ᄒ야適
宜로處置ᄒ미라
第六條罰金은每月俸給을計除ᄒ야完納ᄒ게호ᄃ但

月俸中에셔三分一에過ᄒ지못ᄒ미라

第七條罰但完納ᄒ기前에免職死亡等事가有ᄒ者는

　追徵ᄒ지아니ᄒ미라

官　報　　開國五百三年十二月十日

藥房口傳奏昨伏承　批旨下者　聖侯快臻有喜臣等

咸頌無疆更未審夜來　聖體若何　諸證纔經彌?宜

軫　玉度之頤養餘戒尙在少愈仰冀珍攝之益加區區

憂慮自不能己伏請亟許率醫入診以盡保?之道?惶

恐敢奏　答曰知道諸節今旣康復入診置之亦勿煩瀆

0明日出　官正時午正三刻內門路思政門爲之出還

宮時當御步刋矣諸臣騎馬(宮內府奉旨)　　十二日

謝恩警務官李圭完仁川港警務官崔鎭翰洪川縣監李

近憲0侍講閔象鉉上疏大槩舊忿方訟新除遷降敢陳

危蹙之私冀蒙鐫斥之　恩尾附蒭說以備荃聽事

官　報　　開國五百三年十二月十二日

勅令 還宮當自內爲之矣門路以北墻門神武門爲之

內門路以雍和門爲之(宮內府 奉旨)0宮內大臣奏記注李喜

和病代待制趙重穆權差何如奉 旨依允0大駕詣

太廟入?室後問安 答曰知道0明日出 宮正時午正

三刻內門路雍和門爲之外門路迎秋門爲之(宮內府 奉旨)0巡

撫營草記卽見出陣領官成夏永今初二日所報則舒川

破賊後轉向湖南羣山鎭則先집匪類知機已逃一鎭使

民擧皆란邪攫奪軍器與公私船來往之穀出納踏印有

若官簿座首文奎璇與司穀?硝都砲手等事漢爲賊巨

魁故並卽砲殺米六百二石租八十石太七石任置於該

斂使崔健洙處藥九旗幟亦多收獲而沃溝縣監金疇鎬

以葉錢一百兩牛一隻酒草等物躬到饋兵回陣舒川之

路該郡民沈敬七捉納接主羅鳳煥嚴查砲殺當日還向

瑞山云矣敢啓 答曰知道0完伯書目任實縣監閔忠

植身以官長投入東徒爲先罷黜錦山郡守李容憙居官

無狀佩符逃避不得已罷黜其罪狀並令該衙門稟處事

0答道憲朴容大疏曰省疏具悉所請依施0答侍講閔

象鉉疏曰省疏具悉遂事何必爲引爾其勿辭察職尾附

事當?念矣　　　　十三日

謝恩 江陵參奉李健承侍講閔象鉉0議政府同知中

樞院事朴容大

大君主 展謁 宗廟誓告文

維開國五百三年十二月十二日　　敢昭告于

皇祖列聖之靈惟朕小子粵自冲年嗣守我

祖宗丕丕基曁今三十有一載惟敬畏于天亦惟我

祖宗時式時依屢遭多難不荒墜厥緒朕小子其敢曰克

　　享天心實由我

祖宗眷顧騭佑惟皇我

祖肇造我王家啓我後人歷有五百三年逮朕之世時運

　　丕變人文開暢友邦謀忠廷議協同惟自主獨立迺厥

　　鞏固我國家朕小子曷敢不奉若天時以保我

祖宗遺業曷敢不奮發淬勵以增光我前人烈繼時自今

毋他邦是恃恢國步于隆昌造生民之福祉以鞏固自

主獨立之基念厥道毋或泥于舊毋狃于恬嬉惠迪我

祖宗宏謨監察宇內形勢釐革內政矯厥積?朕小子茲

將十四條洪範誓告我

祖宗在天之靈仰藉

祖宗之遺烈克底于績罔或敢違惟

明靈降鑑

一割斷附依淸國慮念確建自主獨立基礎

一制定王室典範以昭大位繼承?宗戚分義

一大君主御正殿視事政務親詢各大臣裁決后嬪宗戚
不容干預

一王室事務與國政事務서卽分離母相混合

一議政府及各?門職務權限明行制定

一人民出稅總由法令定率不可妄加名目濫行徵收

一租稅課徵及經費支出總由度支?門管轄

一王室費用率先가節以爲各?門及地方官模範

一王室費及各官府費用豫定一年額?확립財政基礎

一地方官制亟行改定以限節地方官史職權

一國中聰俊子弟廣行派遣以傳習外國學術技藝

一敎育將官用徵兵法確定軍制基礎

一民法刑法嚴明制定不可濫行監禁徵罰以保全人民
生命及財産

一用人不拘門地求士遍及朝野以廣人才登庸

대군쥬게셔 죵묘에젼알ᄒ시고밍셔ᄒ야고ᄒ신글월

　유긔국오빅삼년십이월십이일에

　밝히

황됴렬셩의신령에고ᄒ노니졈소ᄌ가

됴죵의큰긔업을니어직흰지셜흔한히에오작하늘을

　공경ᄒ고두려ᄒ며쏘한오쟉우리

됴죵을이법바드며이의지ᄒ야쟈죠큰어려움을당ᄒ

　나그긔업은거칠게바리지아니ᄒ니짐소ᄌ가그감

　히즐ᄋ되능히하늘마ᄋᆷ에누림이라ᄒ리오진실로

　우리

됴죵이도라보시고도ᄋ심을말미ᄋᆷ이니오쟉크오신

　우리

태됴게셔비로쇼우리왕가를지ᄋᆺ뼈우리후세를도

　ᄋᆺ오빅삼년을지니엿더니짐의되에밋쳐쩌은슈

　가크게변ᄒ고사롬의글월이더옥통챵흔지라이웃

　나라가위ᄒ야쇠ᄒ며죠뎡의론이화ᄒ야한갈갓트

　니오쟉ᄌ쥬ᄒ고독립ᄒ미이예국가를굿게홈일식

　짐소ᄌ가엇지감히하늘ᄭ를밧들어슌히ᄒ야뼈우

　리

됴죵의ᄭ치신긔업을보젼치아니ᄒ며엇지감히썜나

　이며가다듬어뼈우리

됴죵의공렬에빗슬더ᄒ지아니리오이를니어이졔로

붓터다른나라를이밋지말고나라운슈를융숭ᄒᆞ고
창셩ᄒᆞ게회복ᄒᆞ며ᄉᆡᆼ민의복을지어뼈ᄌᆞ쥬독립ᄒᆞ
ᄂᆞᆫᄀᆡ업을굿게ᄒᆞᆯ지라그도리를ᄉᆡᆼ각건ᄃᆡ혹도녜에
ᄲᅡ지디말며ᄒᆡ타ᄒᆞᆫᄃᆡ익키지말고슌히우리
됴죵의너부신ᄭᅬ를좃치며텬하의형세도보아살피여
나랑뎡ᄉᆞ를이뎡ᄒᆞ야젹폐를바로잡을진니짐소ᄌᆞ
가이러므로열네가지큰법을가져우리
됴죵하ᄂᆞᆯ에계오신
신령에ᄆᆡᆼ셔ᄒᆞ야고ᄒᆞ고우흐로
됴죵의ᄭᅵ치신공렬을쟈뢰ᄒᆞ야능히공을니루게ᄒᆞ고
혹도감히어긔미업게ᄒᆞ노니

밝그신신령은ᄂᆡ려보시ᄋᆞᆸ쇼셔
쳣ᄌᆡᄂᆞᆫ 청국에붓치ᄂᆞᆫᄉᆡᆼ각을ᄭᅳᆫ어바리고확실히ᄌᆞ
쥬독립ᄒᆞᄂᆞᆫ긔업을셰우ᄂᆞᆫ일
둘ᄌᆡᄂᆞᆫ 왕실뎐범을쟉뎡ᄒᆞ야대통의계승과죵실이
며쳑신의분의를밝히ᄂᆞᆫ일
셋ᄌᆡᄂᆞᆫ 대군쥬가뎡뎐에어거ᄒᆞ고일을보아령ᄉᆞ를친
히각대신에게물어마로자이고결단ᄒᆞᆯᄉᆡ왕후와비
빈과죵실과쳑신이간예ᄒᆞᆷ을용납지아니ᄒᆞᄂᆞᆫ일
넷ᄌᆡᄂᆞᆫ 왕실사무와국뎡사무를모로미나누어셔로
셕지아니ᄒᆞᄂᆞᆫ일
다셧ᄌᆡᄂᆞᆫ 의뎡부와각아문직무권리의한뎡을밝히

쟉뎡ᄒᄂ일

여섯지ᄂ 인민이부세를나임은다법령으로쟉뎡ᄒ
고망녕되히명목을더ᄒ야범남히거두지아니ᄒᄂ
일

일곱지ᄂ 부세를쟉명홈과거두기먹쏘경비를봉하
홈은다탁디아문을말리옴아힝ᄒᄂ일

여닯지ᄂ 왕실의쓰ᄂ지물을몬져죤졀ᄒ야뼈각아
문과디방관의법이되게ᄒᄂ길

아홉지ᄂ왕실의쓰ᄂ지물과각관부의쓰ᄂ지물을미
리일년회계를쟉명ᄒ야지물명ᄉ근본을돈명ᄒᄂ일

열지ᄂ 디방관제도를쇽히곳쳐뎡ᄒ야디방관리의

직권을한뎡ᄒᄂ일

열한지ᄂ 국즁의춍명ᄒᄌ제를넓히외국에파견ᄒ
야학슐과기예를젼습ᄒᄂ일

열둘지ᄂ 쟝관을가라치고군ᄉ썝ᄂ법을뎡ᄒ야군
제의근본을확뎡ᄒᄂ일

열셋지ᄂ 민법과형법을엄명ᄒ게쟉뎡ᄒ고범남히
사ᄅ을가도거나벌ᄒ지말아셔뼈인민의목심과지
산을보젼ᄒᄂ일

열넷지ᄂ 사ᄅ을쓰기에문벌을거리끼지말고션ᄇ
를구ᄒ민두로됴야에밋쳐뼈인직등용ᄒᄂ길을넓
히ᄂ일

大君主게셔 宗廟에 展謁ᄒ시고誓告ᄒ신文

維開國五百三年十二月十二日에敢히

皇祖列聖의靈에昭告ᄒ노니朕小子가이에冲年으로
붓터我 祖宗의조조흔基를嗣守ᄒ야惟天을敬畏ᄒ
며亦惟我 祖宗을時式ᄒ며時依ᄒ야多難을屢遭ᄒ
나厥緖을荒墜치아니ᄒ니朕小子가其敢히曰ᄒ디天
心에克享ᄒ다ᄒ리오惟皇ᄒ신我祖게셔我王家를肇
造ᄒᄉ我後人을啓ᄒᄉ歷ᄒ야五百三年이有ᄒ더니
朕의世에逮ᄒ야時運이조變ᄒ고人文이開暢흔지라
友邦이忠을謀ᄒ고廷議가協同ᄒ니惟自主獨立이酒
厥我國家를鞏固케홀지라朕小子가엇지敢히天時를

奉若ᄒ야뻐我 祖宗遺業을保치아니며엇지敢히奮發
ᄒ며淬勵ᄒ야뻐我前人烈에光을增치아니리오時를
繼ᄒ야今으로붓터他邦을이恃치母ᄒ고國步을隆昌
ᄒ디恢ᄒ며生民의福祉를造ᄒ야뻐自主獨立ᄒᄂ基
을鞏固케홀지니厥道를念컨디혹도舊에泥치母ᄒ며
恬嬉흔디狃치母ᄒ고我 祖宗宏謨를惠迪ᄒ며宇內
形勢에監察ᄒ야內政을釐革ᄒ고그積弊를矯홀지라
朕小子가茲十四條를將ᄒ야我 祖宗이天에在ᄒ신
底ᄒ고惑도敢히違치못ᄒ노니惟 明靈降鑑

一清國에附依ᄒᄂᆞᆫ慮念을割斷ᄒᆞ고自主獨立ᄒᄂᆞᆫ基
　礎ᄅᆞᆯ確建ᄒᆞ미라
一王室典範을制定ᄒᆞ야ᄡᅥ大位繼承과밋宗戚分義ᄅᆞᆯ
　昭케ᄒᆞ미라
一大君主가正殿에御ᄒᆞ야事ᄅᆞᆯ視ᄒᆞ며國政을親히各
　大臣에게詢ᄒᆞ야裁決ᄒᆞ고后嬪宗戚이干預ᄒᆞᄆᆞᆯ容
　치아니미라
一王室事務와國政事務ᄅᆞᆯ須卽分離ᄒᆞ고셔로混合아
　니ᄒᆞ미라
一議政府와各?門職務權限의制定을明行ᄒᆞ미라
一人民이稅ᄅᆞᆯ出호믄다法令定ᄒᆞᆫ率을由ᄒᆞ고名目을

妄加ᄒᆞ야徵收ᄅᆞᆯ濫行ᄒᆞ미不可ᄒᆞ미라
一租稅ᄅᆞᆯ課徵홈과밋經費ᄅᆞᆯ支出호믄다度支?門을
　由ᄒᆞ야管轄ᄒᆞ미라
一王室費用을率先節減ᄒᆞ야ᄡᅥ各?門及地方官의模
　範을되게ᄒᆞ미라
一王室費及各官府費用에一年額筭을豫定ᄒᆞ야財政
　基礎ᄅᆞᆯ確立ᄒᆞ미라
一地方官制ᄅᆞᆯ亟히改正호믈行ᄒᆞ야ᄡᅥ地方官史職權
　을限節ᄒᆞ미라
一國中聰俊子弟ᄅᆞᆯ廣ᄒᆞ게派遣호믈行ᄒᆞ야ᄡᅥ外國學
　術과技藝ᄅᆞᆯ傳習ᄒᆞ미라

一將官을敎育ᄒ고兵을徵ᄒᄂ法을用ᄒ야軍制基礎
　를確定ᄒ미라
一民法과刑法을嚴明ᄒ게制定ᄒ고可히監禁과懲罰
를濫行치말아뼈人民의生命及財産을保全ᄒ미라
一人을用ᄒ미門地를拘치아니ᄒ고士를求ᄒ미野에
　遍及ᄒ야뼈人才의登庸을廣ᄒ게ᄒ미라

勅令 朕旣誓告 廟 社可將此綸音布告中外臣民

　開國五百三年十二月十三日

大君主 御押 御?奉 勅總理大臣金弘集

　　　　　　　內務大臣朴泳孝

　　　　　　　學務大臣朴定陽

　　　　　　　外務大臣金允植

　　　　　　　度支大臣魚允中

　　　　　　　農商大臣嚴世永

　　　　　　　軍務大臣趙羲淵

　　　　　　　法務大臣徐光範

　　　　　　　工務署理大臣金嘉鎭

大君主若曰咨爾百執事庶士曁庶民咸聽朕誥

惟天付畀我祖宗丕丕基惟德

惟祖宗受天明命保佑子孫輯睦黎民厥曆年惟永亦惟德

惟朕嗣無疆大曆服舊章時率亦惟不謨時承夙夜罔敢惑

逸逮于中身用克享于天心朕其敢曰德

惟德相厥時咸宜熙朕采惟時서今締交各國循厥約惟

獨立之實是懋

獨立之寶肇於內修厥欲鞏固我獨立亶在矯革宿弊修

學實政以圖王國克富克强

肆朕大警惕于心詢于在庭惟曰更張玆庸乑然發慮稽

先王成憲鑒于列國形勢變官典頒紀年改軍制整財政

懋教學正賦徭勸商工勸農桑凡厥恫瘝罔有小大悉剔
悉除俾元元之命其蘇上下協和約厥言于行底厥行于
績惟國之禎
乃諏吉日각于祖廟暨太社以誓告朕心?哉百執事庶
士而朕邦雖舊惟新厥命
嗚呼爾庶民實惟邦本自主惟民獨立惟民君雖欲自主
匪民何依國雖欲獨立匪民曷與惟爾庶民一乃心惟國是
愛同爾氣惟君是忠允若茲朕曰有敵愾朕曰有禦侮
厥有才德側陋亦揚闓茸罔覺不蔽于貴蕩蕩絶植母域
茲登庸惟爾庶民念厥修
惟爾民厥有生命有財産朕其保其安非法不底汝于刑

于殺非律不賦汝取汝惟汝命汝産一用法律是護惟爾
民?哉而國不富兵不強雖曰自主曰獨立其實不舉
今確建我自主獨立之鴻業誕告爾八方有衆而朕邦雖
舊惟新厥命
惟爾士爾民胥勸胥告勖忠君愛國之心若山之不?不
拔廣求學識于萬國亦惟技藝從長克取用鞏固我自主
獨立之基茲並以朕所誓告宗廟之文徧示汝有衆
嗚呼朕言止于時?哉有衆
　開國五百三年十二月十三日

大君主若曰ᄒᆞ샤ᄃᆡ吝홉다爾百執事庶士暨庶民아다
朕誥를聽ᄒᆞ라惟天이我祖宗에게丕丕基을付畀ᄒᆞ시
니惟德이시며惟祖宗이天의明命을受ᄒᆞ샤子孫을保
佑ᄒᆞ시며黎民을輯睦ᄒᆞᄒᆞ厥歷年이惟永ᄒᆞ니亦惟德
이시니惟朕이无疆ᄒᆞᆫ大歷服을嗣ᄒᆞ야舊章을時率ᄒᆞ
며亦惟丕謨를時承ᄒᆞ야敢히或도逸치못ᄒᆞ야中身에
逮ᄒᆞ도록뻐天心에克享ᄒᆞ니朕이其敢히曰호ᄃᆡ德이
라ᄒᆞ리오惟德은厥時를相ᄒᆞ야咸宜ᄒᆞᄂᆞ니朕의采를
熙홀진ᄃᆡ惟時로홀지라酒今에交를各國에제ᄒᆞ고厥
約을循ᄒᆞ야惟獨立의實을是懋ᄒᆞ노니獨立의實은內
修에肇ᄒᆞᄂᆞ지라厥我獨立을鞏固ᄒᆞ기欲홀진ᄃᆡ宣宿

弊를矯革ᄒᆞ고實政을修擧ᄒᆞ야뻐王國의克富홈과
克强홈을圖ᄒᆞ기에在홀시朕의心이大警惕ᄒᆞ야朝
廷에詢ᄒᆞ니惟曰호ᄃᆡ更張이라玆朕이廓然慮를
發ᄒᆞ야先王成憲에기稽ᄒᆞ며列國形勢에鑑ᄒᆞ야官典을
變ᄒᆞ며紀年을頒ᄒᆞ며軍制를改ᄒᆞ며財政을整ᄒᆞ며敎學
을懋ᄒᆞ며賦와徭를正ᄒᆞ며商과工을勸ᄒᆞ며農과桑을勸
ᄒᆞ고凡厥恫癏은大小업悉剔ᄒᆞ고悉除ᄒᆞ야元元의
命ᄋᆞ로ᄒᆞ야곰其蘇케ᄒᆞ노니上下가協和ᄒᆞ야厥言을行
에約ᄒᆞ며厥行을績에底ᄒᆞ면惟國의禎이리라乃吉日
을諏ᄒᆞ야祖廟에格ᄒᆞ고太社에도暨ᄒᆞ야뻐朕의心을誓
ᄒᆞ야告ᄒᆞ노니?홀지어다百執事와庶士아朕의邦이雖

舊ᄒᆞ나厥命을維新케ᄒᆞᄂᆞ니라嗚呼라爾庶民이實로邦
本이니自主홈도惟民이며獨立홈동惟民이라君이비
록自主코져ᄒᆞ나民이아니면何衣ᄒᆞ며國이비록獨立
코져ᄒᆞ나民아니면曷與ᄒᆞ리오惟爾庶民은乃心을
一ᄒᆞ야惟國을是愛ᄒᆞ며爾氣를同ᄒᆞ야惟君을是忠ᄒᆞ
라진실로若玆ᄒᆞ면朕이曰호ᄃᆡ愾를敵홀이有ᄒᆞ다ᄒᆞ
리며朕이曰호ᄃᆡ侮를禦홀이有ᄒᆞ다ᄒᆞ리라厥才德이
有ᄒᆞ이란側陋ᄒᆞ나쏘한揚ᄒᆞ며闍茸ᄒᆞ야覺지못ᄒᆞᄂᆞ
이란貴호ᄃᆡ蔽치아니ᄒᆞ야蕩蕩히植을絶ᄒᆞ고이登庸
ᄒᆞ기에域이업게ᄒᆞ노니惟爾民은厥修를念ᄒᆞ라惟爾
民이厥生命이有ᄒᆞ고財産이有ᄒᆞ니朕이其保ᄒᆞ며其

安ᄒᆞ야法이아니어든汝를殺ᄒᆞ거나刑ᄒᆞ지아니ᄒᆞ고律
이아니어든汝에게賦ᄒᆞ고汝에게取ᄒᆞ지아니ᄒᆞ야惟汝
命과法産을一로法律을從ᄒᆞ아是護ᄒᆞ노니惟爾民은?
홀지어다國이不富ᄒᆞ며兵이不强ᄒᆞ면雖曰호ᄃᆡ自主라
ᄒᆞ며曰호ᄃᆡ獨立이라ᄒᆞ야도其實이ᄒᆞᄂᆞ니라今에
我의自主獨立ᄒᆞᄂᆞ鴻業을確定ᄒᆞ고爾八方有衆에게
誕告ᄒᆞ노니朕의邦이雖舊ᄒᆞ나厥命을惟新케ᄒᆞᄂᆞ니
라惟爾士와爾民은胥勸ᄒᆞ며胥告ᄒᆞ야君에게忠ᄒᆞ며
國을愛ᄒᆞᄂᆞ心을勵ᄒᆞ야山의不騫홉과不拔홈가치ᄒᆞ
야學識을萬國에廣求ᄒᆞ며亦技藝도長을從ᄒᆞ야克取
ᄒᆞ야뼈我의獨立自主ᄒᆞᄂᆞ基를鞏固케ᄒᆞ라이러므로

朕이宗廟에誓告ᄒᆞᆫ바文으로뼈汝有衆에게徧示ᄒᆞ노
라嗚呼하朕言은時에止ᄒᆞᆫ니?홀지어다有衆

開國五百三年十二月十三日

틱령 짐이이믜 종묘와 사직에밍셔ᄒᆞ야고ᄒᆞ야
시니가히이륜음을가져안과밧의신하와빅셩에게반
포ᄒᆞ라

　개국오빅삼년십이월십삼일

대군쥬 어압 어시봉 탁춍리대신김홍집

　　　　　　　늬무대신박영효

　　　　　　　학무대신박뎡양

　　　　　　　외무대신김윤식

　　　　　　　탁디대신어윤즁

　　　　　　　롱상대신엄셰영

　　　　　　　군무대신됴희연

법무대신셔광범

공무셔리대신김가진

대군쥬게셔이러타시글ᄋᆞ사딕슬프다너의빅집ᄉᆞ와
　뭇션빅와밋여러빅셩아다짐의말ᄉᆞᆷ을드르라오쟉
　하늘이우리

됴죵에게큰긔업을붓쳐쥬시니오쟉덕으로ᄒᆞ시미먹
　오쟉

됴죵이하늘의밝으신명을바드ᄉᆞᄌᆞ선을보젼ᄒᆞ시고
　도으시며빅셩을안집케ᄒᆞ시고화목케ᄒᆞᄉᆞ그력년
　이오쟉길엇시니쏘한덕으로ᄒᆞ시미라오쟉짐이무
　궁ᄒᆞᆫ딕통을이어녯법을이좃치며쏘한오쟉큰쇠를

이니어낫과밤으로혹도감히겨으르지못ᄒ야즁년
에밋도록ᄡᅥ능히하ᄂᆞᆯ마ᄋᆞᆷ에누리니짐이그감히글
ᄋᆞ디덕이라ᄒ리오오쟉덕은그ᄹᅥ를보아다맛당히
ᄒᄂᆞ니짐의일을밝킬진ᄃᆡ오쟉ᄹᅥ로홀지라이졔각
국과사괴믈밋고그약죠를좃쳐오쟉독립ᄒᄂᆞᆫ실샹
을이힘쓰노니독립ᄒᄂᆞᆫ실샹은나의명ᄉᆞ를닥ᄂᆞᆫᄃᆡ
셔비롯ᄂᆞᆫ지라그러므로나의독립을굿게ᄒ고져홀
진ᄃᆡ진실로오릭폐단을바로잡고실샹명ᄉᆞ를닥거
ᄡᅥ나라의능히부요홈과능히강셩홈을도모ᄒ기에
잇ᄂᆞ니이러므로짐이크게마ᄋᆞᆷ에일씌이며두려ᄒ
야됴졍신하에게무르니오쟉글ᄋᆞ디명ᄉᆞ를곳쳐변

통홀지라ᄒ거ᄂᆞᆯ이러므로ᄡᅥ쾌ᄒ게싱각을발ᄒ야
션왕의니룬법에상고ᄒ며각국의형셰를보아벼살졔
도를변ᄒ며칙녁년호를반포ᄒ며군ᄉᆞ졔도를곳치
며부셰와신역을발오게ᄒ며쟝ᄉᆞ와쟝인을가다듬
고농ᄉᆞ짓기와뽕나무심으기를권ᄒ고므릇ᄇᆞᆨ셩의
딜고되ᄂᆞᆫ일은크고져금업시다ᄯᅡᆨ그며다덜어ᄇᆞᆨ셩
의명믹으로ᄒ야곰그쇼복케ᄒ노니그말ᄉᆞᆷ을힝ᄒ
ᄂᆞᆫᄃᆡ니르게ᄒ고그힝ᄒ미공잇기에다달으면오쟉
나라의샹셔라이에길ᄒᆞᆫ날을무러
죠묘와밋 사직에가셔ᄡᅥ빙셔ᄒ야짐의마ᄋᆞᆷ을고ᄒ
노니힘쓸지어다ᄇᆞᆨ집ᄉᆞ와뭇션ᄇᆡ아짐의나라가비

록녜로우나그명은오쟉시롭게ᄒᆞᄂᆞ니라슬프다너
의무리빅셩이실로오쟉나라의근본이니ᄌᆞ쥬홈도
오쟉빅셩이며독립홈도오쟉빅셩이라인군이비록
ᄌᆞ쥬코져ᄒᆞ나빅셩이아니면어ᄃᆡ의지ᄒᆞ며나라가
비록독립코져ᄒᆞ나빅셩이아니면누로더브러ᄒᆞ리
오오쟉너의무리빅셩은너의마ᄋᆞᆷ을한갈갓치ᄒᆞ야
오쟉나라를이사랑ᄒᆞ며너의긔운을한가지로ᄒᆞ야
오쟉인군에게이츄셩ᄒᆞ라진실로이갓틀진ᄃᆡ짐이
굴ᄋᆞᄃᆡ분홈을ᄃᆡ젹홀이잇다ᄒᆞ며짐이굴ᄋᆞᄃᆡ업
슈히녀김을막을이잇다ᄒᆞ리라그지죠와덕이잇ᄂᆞ
이란비록한미ᄒᆞ나ᄯᅩ한들어쓸지며용렬ᄒᆞ고지각

업ᄂᆞ이란비록죤귀ᄒᆞ야도두남두지아니ᄒᆞ야공평
ᄒᆞ게편당이업시ᄒᆞ고사름쓰ᄂᆞᄃᆡ디경을명치아니
리니너의빅셩은그싱각ᄒᆞ야그닥그라오쟉너의빅
셩이그독심이시며ᄌᆡ산이시니짐이그보젼케ᄒᆞ고
그편안케ᄒᆞ야법이아니어든너의를형벌ᄒᆞ거나쥭
이지아니ᄒᆞ며ᄯᅩ법이아니어든너에게부셰밧거나
ᄌᆡ물앗지아니ᄒᆞ고오쟉너의목심과너의ᄌᆡ물을한
갈갓치법률을좃쳐이보호ᄒᆞ리니오쟉너의빅셩은
힘쓸지어다나라가부요치못ᄒᆞ고군ᄉᆞ가강셩치못
ᄒᆞ면비록굴ᄋᆞᄃᆡᄌᆞ쥬라ᄒᆞ며굴ᄋᆞᄃᆡ독립이라ᄒᆞ야
도그실샹은니루지못ᄒᆞᄂᆞ니이제우리ᄌᆞ쥬독립ᄒᆞ

는큰긔업을확실히뎡ㅎ고크게너의팔도빅셩에게
포고ㅎ노니짐의나라가비록녜로우나그명은오쟉
식롭개ㅎㄴ니오쟉너의션비와너의빅셩은셔로권
ㅎ며셔로고ㅎ야인군에게츙셩ㅎ고나라사랑ㅎㄴ
마음을가다듬어산악의문어지디도아니ㅎ고쎼여
지디도아니홈갓치ㅎ야널히학식을만국에구ㅎ며
쏘한지죠도죠흔것슬능히취ㅎ야뼈우리ᄌ쥬독립
ㅎㄴ긔업을굿게홀지어다이러므로짐이
죵묘에닝셔흔글월로뼈두르너의무리에게보이노라
슬프다짐의말슴은이에긋치노니힘쓸지어다너의
무리

開國五百三年十二月十三日

官　報　　開國五百三年十二月十三日

大駕지 太社入제室後問安 答曰知道

十四日

謝恩 永禧殿令閔廷植外務衙門協辦李完用警務官

安桓

官　報　　開國五百三年十二月十五日
謝恩桃源察訪金基興平安兵虞候李熙斗

官　報　　開國五百三年十二月十五日

藥房日次問 安 答曰知道 王大妃殿氣候一樣
中宮殿氣候安順卿不必入侍矣0湖西慰撫使朴齊寬
入來0工務衙門電信司事前主事尙?劉宗杓朴夏鎭
李義宣金東植趙重恩徐相旭朴奎會權輔仁洪鐘檍姜
璨熙金南軾高永寬朴永培李濟健徐相晳成普永尹滋
容李鐘瀅楊奎鎭韓宗翊白潤德白文鏞李鼎來徐庸熙
李贊鎬李起鐵李正儀學員관學鎭尹世鉉李起鎭金鵬
南皮熙斗李秉九權在爀舁根億趙觀鎬朴魯仲兪鎭泰
啓下0海伯書目康翎縣監柳灌秀不呈由狀印符任置
於邑校擅自上京爲先罷黜其罪狀令該衙門稟處事又

書目月令進上違越不封之載寧郡守趙台永黃州收使
吳錫泳鳳山郡守李敏皇安岳郡守李垠鎔長連縣監金
近植並罷黜事又書目載寧郡守趙台永今初二日身死
事
　　　十六日
謝恩典牲主事安淇壽0下直黃海兵使沈寅澤平安兵
虞侯李熙斗

官　報　　開國五百三年十二月十六日

勅令君臣相見禮式傘互改定務從簡易(總理大臣各衙
　　　　　　　　　　　門大臣奉　勅)
0勅令自今國政事務朕親詢各大臣裁決議政府移設
于宮內改稱內閣處所以修政殿爲之奎章閣勿稱內閣
(總理大臣各衙0勅令朝臣大禮服用黑團領進宮通常
門大臣奉　勅)
禮服周衣搭護用黑色土産紬布及紗帽靴自自來歲正
朝施行(總理大臣各衙　　0勅令監?梱師以下自今勿爲
　　　　　　門大臣奉　勅)
封奏分別事務報該衙門酌核執奏(總理大臣各衙　0勅
　　　　　　　　　　　門大臣奉　勅)
令改定大小官員相見相稱禮(總理大臣各衙　　0勅令地
　　　　　　　　　　門大臣奉　勅)
方制度改定之先視州郡大小道里遠近姑令一邑守兼
管數邑(總理大臣內務0　勅令自今八道各地方吏治民
　　　大臣奉　勅)

隱由內務衙門隋時派員採訪其矯捄整理之方執奏施
行(總理大臣內務　0　勅令大小祀享傘酌議定以入(總理
　　大臣奉　勅)　　　　　　　　　　　大臣)
(度支大臣　　0勅令勅任官及各府衙書記官秘書官許騎
奉　勅)
乘至閣外各處陸軍將校及警務官亦倣此例(總理大臣
　　　　　　　　　　　各衙門　大)
(臣奉　0勅令自今如有妄託言事?動國是者原疏勿爲
勅)
捧入陳疏人直令法務衙門납獲嚴懲(總理大臣法務　0
　　　　　　　　　　大臣奉　勅)
勅令前後被罪면枉人並昭晰放送身死者復官(總理大
　　　　　　　　　　　臣各衙)
(門大臣　　0總理大臣奏湖南地方向經匪類盤據道帥臣
奉　勅)
及地方官功罪派員查勘善後事宜賑濟方便另行籌劃
何如奉　旨依允又奏卽見全羅監司李道宰狀啓則賊
魁金介男擒獲之沁營將卒請褒奬之典矣平賊旋師之

日當有論功而該道臣購捕之賞宜先示信令度支衙門
撥下錢一萬兩分給應募諸人以爲激勸將來之地事分
付何如奉 旨依允又奏江陵淳昌雲峯召募官所率士
民俱有剿匪時效勞合施褒賞待班師後一體論功何如
奉 旨依允又奏賊魁金介男擒獲後當檻致京師究?
正法而自該道不待朝令徑先梟首雖慮中路之搶奪遽
二擅斷極爲駭然全羅監司李道宰施以越俸二等之典
何如奉 旨依允0度支大臣奏關北營邑事例往在癸
未結戶間酌量磨鍊矣甲申以後徵歛歲加民受其弊原
定事例及年來加歛件記令按撫使觀察使這這收聚上
送以爲一例釐正之地何如奉 旨依允0法務大臣奏

地方裁判外法務衙門一切裁判權行於義禁司而該司
改名以法務衙門權設裁判所諸般裁判並行於該所自
本衙裁判及用刑等事一切勿施之意奉 旨依允又奏
凡刑具中酷刑之具犯死罪外並勿許而刑則只用대囚
則只用枷鎖如盜賊及傷人衝火等罪用枷如問招時無
論輕重罪돈吐不承의者用笞輕罪及老弱則勿許枷鎖
若有逃의之慮者不在此限京外各營各邑各鎭用刑之
地一遵此例無或異同之意奉 旨依允0法務衙門成
川府使沈相萬祥原郡守李國應康津縣監閔昌鎬木川
縣監李秀永長城府使閔尙鎬林川郡守韓鎭泰 禧陵
叅奉韓길洙自現就囚0外務衙門元山港監理서書記官

朴義秉朴羲並減下代幼學朴承祖金益英0直學士趙

東潤上疏大槩敢控至切之私冀蒙遞改之 恩事 答曰

省疏具悉所請依施

　　十七日

謝恩 肇慶廟令林百洙

官　報　　開國五百三年十二月十七日

昨日總理大臣臣金弘集內務大臣臣朴泳孝學務大臣臣

朴定陽外務大臣臣金允植度支大臣臣魚允中農商大臣

臣嚴世永軍務大臣臣趙義淵法務大臣臣徐光範工務署

理大臣臣金嘉鎭謹

奏王室尊稱謹具新式以入伏候

聖

主上殿下稱

大君主陛下

王大妃殿下稱

王太后陛下

王妃殿下稱

王后陛下

王世子邸下稱

王太子殿下

王世子嬪邸下稱

王太子妃殿下

箋稱

表奉　旨依允

官 報 開國五百三年十二月十八日

藥房隆冬問安 答曰知道 王太后氣候一樣王后氣
候安順王太子王太子妃氣度平順不必入侍矣0十六
日總理大臣奏卽伏見湖沿招討使李勝宇狀本啓下者
則以爲官軍討匪於舒川地則邑屬瞞誘回軍致賊入城
而該郡守柳冀南來牒搆捏洪州軍將遣辭駭悖云矣藉
令該郡守與洪州軍初不相得今於事平之後挾憾凌逼
極爲駭妄揆以體統理合論罷而經擾邑勢亦所當念特
令戴罪舉行至若邑吏羅雲景劉漢杓陰圖煽亂致誤軍
機之罪不可不究覈並令移送本道監營嚴查酌處何如
奉 旨依允0完伯電報今月十一日高敞士民李鳳宇

促納孫和仲方囚縣獄事○各道中下等驪州收使李載
允筍班璿璜何屈下邑長湍府使金夢求 優於好善勉哉節嗜豐德府使高龍
鉉恩造如天何以報答通津府使尹九成旣黷吏逋■察民隱交河郡守姜漣
民纔息擾吏■察奸振威縣令趙文奎旣殫站勞且屛鄉奸蔚珍縣令沈奎澤
認詗爲盜詎止眚災忠州牧使朴世秉老年奬局亦旣勞止全義縣監李敎承
勤務旣辦刑法尤愼青陽縣監鄭寅羲大亂纔過小心做去寧遠郡守成冕鎬
政固無疵客或招■江西縣令申勝休期免兼符跡近規避密陽府使鄭東箕
治雖老成頗欠昏耗咸陽郡守金永順莅雖未久病或妨務龍宮縣監李周儀
邑殘獘多不亦勞乎玄風縣監金華塤世居境內難以盡悅三水府使沈殷澤
治雖無疵情則可去開城中軍高永鐸奚信浮■宜勉實施馬梁僉使金顯■
向來經刦尙存餘悸舒川僉使李鐘悅强盜猝遇殘鎭難敵水口萬戶尹尙輿

兩載居鎭事或錯設梁永萬洞權管全仁檢居官如無行政何有以上中積城
縣監李敏奎官兼吏任欲治昧事陰竹縣監金鍾遠官旣戥綏民何蕩柝靑山
縣監趙萬熙以時則可知難而退楚山府使鄭春基吏鄕舞奸何不省察德川
郡守閔內河歛而不還竟致■擾甑山縣令朴齊七加歛致櫌奚論暫曠順興
府使李寬■■或爽實難望振勵彦陽縣監尹弘植盍察吏奸其害有歸比安
縣監車能文志雖願治奸何未察開城經歷張翰源政多枉法民願遄去黃山
察訪申學熙足以貽羞呂島萬戶金翰柱人固無疵軍器見失鉢浦
萬戶金箕秀年少氣銳奈失軍器會寧浦萬戶張聖河病入痼盲實難察
　任以
上下○議政府同知樞院事趙東潤
十九日
下直洪川縣監李近憲

官　報　　開國五百三年十二月十九日

錦伯書目益山郡守鄭元成越境捉民凌逼守令擧措駭

妄爲先罷黜其罪狀令該衙門稟處事

二十日

謝恩 仁陵令李潤相元山書記官金益英朴承祖

官　報　　開國五百三年十二月二十日

藥房日次問安　答曰知道　王大后氣候一樣王后
氣候安順卿不必入侍矣○總理大臣奏向因關西宣諭
使趙熙一狀請經亂諸邑今明年公納錢中十五萬兩特
許除給矣今狀見平安監司金晚植狀本則以爲前下
處分不勝感頌萬萬此外今年條未納錢十九萬一百五
十六兩一錢當於明春磨勘京司者而七月以前卽臣營
之昧爽也前道臣在任時已捧之數旣無傳授又無交獻
査探各邑未收只爲八萬五千餘兩則前道臣所捧條自
歸無劚上項錢十九萬一百五十六兩一錢特令全數蕩減
其各邑未收八萬五千餘兩爲先量宜均俵庶兆民之望

云矣關西往却便一滄桑已捧公錢無處憑問奈以邑勢
民情合有蠲蕩之典依狀請更爲許施俾亂後生靈還集
安業何如奉　旨依允○總理大臣內務大臣度支大臣
奏卽伏見湖西慰撫使朴齊寬狀本啓下者則匪擾蕩殘
無邑不然而槐山一郡尤爲甚焉向者　內下錢一萬兩
分賑後面面曉喩使各版築土广而却灰之餘無力可辦
矣被燒戶擧成數爲五百戶每戶以五間爲度則工役之
費有錢一萬八千七百五十兩乃可擬議而該邑結總一
千三百結甲午條租稅折半蕩減依昨年價計給以爲結
搆之資其不足之數自營邑從長措備公廨之毁破者略

加修理發賑還米一百石限二年停退還充爲辭矣該邑
經却之後已有頒帑施惠之典而今此撫使所陳民隱寔
爲矜悶依狀請特爲許施仍令營邑籌劃均俵俾難民赴
卽結搆奠接之地何如奉　旨依允〇總理大臣內務大
臣奏卽見黃海監司趙熙一狀本則載寧郡守趙台永黃
州牧使吳錫泳鳳山郡守李敏皐安岳郡守李垠鎔長連
縣監金近植以月令進上過限事論罷矣此時迎送之■
不可不念並特爲安徐何如　奉旨依允又奏康翎縣監
柳灌秀不呈由狀任置印符於邑校擅自上京事該道臣
啓罷請勘矣該邑新經匪擾迎送之■不可不念特爲安
徐使之催促還任何如奉　旨依允〇總理大臣奏卽接

開城■守李敎榮牒呈本營中軍以前中軍徐恆淳自辟
報請轉奏矣依此施行何如奉　旨依允又奏瑞山前郡
守朴鋌基愍恤之典待道査稟處事蒙允矣卽見該道臣
査啓則該郡守過難不避手劒諸賊身中四五丸顏色無
變罵不絶口至砲決口吻而死云義膽烈魄有足風勵一
時特　贈軍務叅議該郡首吏宋秉勳捍衛官長先爲致
命亦極嘉尙特　贈軍務主事何如奉　旨依允又奏泰
安前府使申百熙愍恤之典待道査稟處事蒙　允矣卽
見該道臣査啓則該府使遇賊不屈竟至捐軀云守土死
難極爲嘉尙特　贈軍務協辦何如奉　旨依允又奏本
府叅議金寅植主事李秉珪孫章鉉尹致昨鄭駿時李明

翔在外並減下何如奉　旨依允○總理大臣內務大臣
奏內務衙門叅議呂圭亨姜晃熙主事鄭鎭弘李謙容朴
■熙並以身病乞遞改差何如奉　旨依允○總理大臣
軍務大臣奏任軍務衙門叅議柳爀魯主事金時濟金振
聲○總理大臣度支大臣奏任度支衙門主事金榮漢趙
漢商○宮內大臣奏任　健元陵令朴夏陽　寧陵令趙
梴　孝陵令姜敎錫○軍務大臣奏卽接春川■守任商
準所報本營軍司馬洪時夏病代以幼學任興淳差下爲
辭矣依此施行何如奉　旨依允○法務大臣奏成川前
府使沈相萬祥原前郡守李國應康津前縣監閔昌鎬木
川前縣監李秀永長城前府使閔尙鎬林川前郡守韓鎭

泰並照律何如奉　旨依允○內務衙門主事吳相鶴李
台龍李鳳相徐丙舜改差代朴琪俊崔有鵬安沂中劉世
南仁川港警務署主事李蕙均改差代洪泰貞警務廳總
巡兪致元金鼎禹兪致謙李敬祐劉昇熙金在浩尹重求
柳淳龍梁慶秀趙重錫啓下○法務衙門主事李章赫病
代金龍鉉啓下○法務衙門尙州前牧使尹泰元丹城前
縣監張蕙根自現就囚
二十一日
外務大臣金允植上疏大槩敢陳內外職難攝之意冀蒙
本兼任並解之　恩事

官　報　　開國五百三年十二月二十一日

宮內大臣奏任　長陵令徐相膺敦寧主事李燦永司饔

主事朴宗璇　英陵令安淇壽〇議政府中樞院員外郎

李淳永李源植趙東始李裕曄文天用李載穆韓仲涉趙

基豊李錫璜金永華金獻柱

二十二日

謝恩摠巡劉昇熙柳淳龍金在浩金鼎禹尹重求梁慶秀

李敬祐軍務叅議柳爀魯內務主事朴琪俊崔有鵬劉世

南安沂中度支主事金榮漢趙漢商

官　報　　開國五百二年十二月二十二日

答外務大臣金允植曰省疏具悉所辭中沁■之任依

施○議政府僉知中樞院事金寅植呂圭亨○今二十日軍

務衙門叅領趙羲聞正尉林炳吉副尉吳聖學叅尉趙翩

二十三日

謝恩摠巡俞致謙鎭禦營軍司馬任興淳仁川港警務主

事洪泰貞開城中軍徐恆淳

官　報　　開國五百三年十二月二十三日

勅令湖南匪擾自春徂冬以致農作失時旱荒艱食言念

民情錦玉靡安該道內甲午條大同米特令減半以給以

示朝家體恤之意至於蠲災賑窮之節待道臣報來自政

府稟覆施行總理大臣內務大臣度支大臣奉勅○勅命申正熙爲江華

■守總理大臣奉勅○總理大臣內務大臣奏任忠州牧使趙

漢國通津府使許璉密陽府使沈賢澤錦山郡守李奎文

載寧郡守金思準任實縣監黃憲周又奏任內務衙門叅

議金仁植警務官李命健禹洛善○總理大臣法務大臣

奏匪魁安敎善成在植崔在浩俱已承■合置大辟出付

巡撫營卽爲梟警金介南首級查覈之節亦令同日擧行

何如奉　旨依允○內務大臣奏警務使尹雄烈擅囚摠

巡巡檢有違定章不可無警一月罰俸何如奉　旨依允

○法務大臣奏　禧陵叅奉韓喆洙身爲　陵官未趂

享時雖涉失誤見阻匪徒實非故犯叅互供辭合有可原

事係祀典有難擅便伏候　聖裁何如奉　旨不無斟量

特爲分揀放送又奏成川前府使沈相萬擅離逃去祥原

前郡守李國應無由上京未察奸弄難逭當勘以此照律

事　允下矣謹據律文杖一百私罪收贖告身盡行追奪

奉　旨依允功減一等又奏康津前縣監閔昌鎬木川前

縣監李秀永軍器見失難逭當勘以此照律事　允下謹

據律文杖一百公罪收贖奉　旨依允議減一等又奏長城

前府使閔尙鎬受賂曠官難逭當勘以此照律事　允下矣

謹據律文杖八十私罪收贖追奪告身三等奉　旨依允

議減一等又奏林川前郡守韓鎭泰旣失軍器擅送符金

難逭當勘以此照律事　允下矣謹據律文杖一百公罪

收贖奉　旨依允功減一等又奏尙州前牧使尹泰元送

印徑行雖緣任遞而病劇論以律例難逭當勘丹城前縣

監張悳根旣未備禦返有饋供論以律例難逭當勘以此

照律何如奉　旨依允寧邊前府使任大準自現就囚寄

在重地擅離在逃難逭重勘平安前監司閔丙奭自現就

囚寄重方面脫身遠行遺失符驗難逭重勘以此照律何

如奉　旨依允又奏　慶基殿叅奉張敎遠自現就囚初

無闕直混被論啓叅互供辭合有可原有難擅便伏候

聖裁何如奉　旨不無斟量特爲分揀放送○兼大宗伯

奏各陵式例亦當酌釐正矣應行節目玆敢謹具條例

伏候　聖裁奉　旨依允一各陵應行節目一各陵香祝

每年正月十四日並一年所用一齊都受事一各陵特下

米每石從時直量宜定價從楊州牧上下事宣惠廳上下今無本米今

年段以十四兩定一各陵節享受香時同局內陵寢則　陵官率守

僕輪回都陪香祝奉安于局內最尊陵使各陵官祗受事

一各陵公結之歲入用下陵官中差査辦官從實査正磨

鍊支調事一各陵修理費每陵二百兩式由度支衙門直

劃于該地方邑納之本陵而曲墻修理丁字閣碑閣水刺

間守僕房齊室雨漏墻垣修補擧行若不善修補現發於奉

審摘奸則本陵書員守僕從重科治外專責修理所費本陵

官限二等越俸事每年二月內劃送事一各陵改莎草及塗褙窓戶紙

由本陵擧行而莎草費五十兩塗褙紙地價五十兩每年

二月由地方邑劃送事一各　園墓並照此例此事○內務

衙門主事李謙容鄭鎭弘沈宜翊朴鼎熙改差代權明勳

崔正益咸仁學朴正彬○昨日謝恩摠巡兪致元

二十四日

謝恩軍務主事金振聲　長陵令徐相膺法務主事金龍

鉉

官　報　　開國五百三年十二月二十四日

宮內大臣奏任洗馬金奎東尙衣主事慶光國

二十五日

謝恩內務叅議金仁植唐津縣監朴用悳〇下直開城中

軍徐恆淳

官 報　　開國五百三年十二月二十五日

藥房日次問安　答知道　王太后氣候一樣王后氣候
安順卿不必入侍矣○巡撫營草記匪魁成載植崔在浩
安敎善當日南筏院梟警金介男查覈西小門外懸街三
日後介男載植首級令畿營傳示於作擾地方事又草記
向以召募官別軍官等沿路作弊聽聞可駭故一並勿施
後差帖還收上使之意傳令知委矣卽見召募官天安郡
守金炳塾牒報則稱有該道都元帥傳令而不受臣營節
制自行去就不爲罷送滋事民間帥律所在萬萬駭然天
安郡守金炳塾爲先罷黜其罪狀令該衙門嚴勘事○議
政府僉知中樞院事洪祐█李蓁儀

二十六日

謝恩錦山郡守李奎文密陽府使沈賢澤內務主事咸仁
學權明勳警務官禹洛善李命健　英陵令安淇壽